MÉDAILLE D'ARGENT A L'EXPOSITION UNIVERSELLE DE PARIS 1878

Lectures manuscrites
pour le
Dessin

par MM.

J. Messin **A. Le Bealle**
Inspecteur primaire Ancien élève
du département de l'École Normale
de la Seine de Versailles

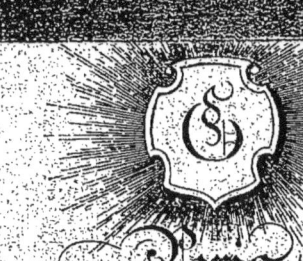

Paris
Librairie et Papeterie classiques
GEDALGE Jne
75, Rue des Saints Pères.

8°V
3065.

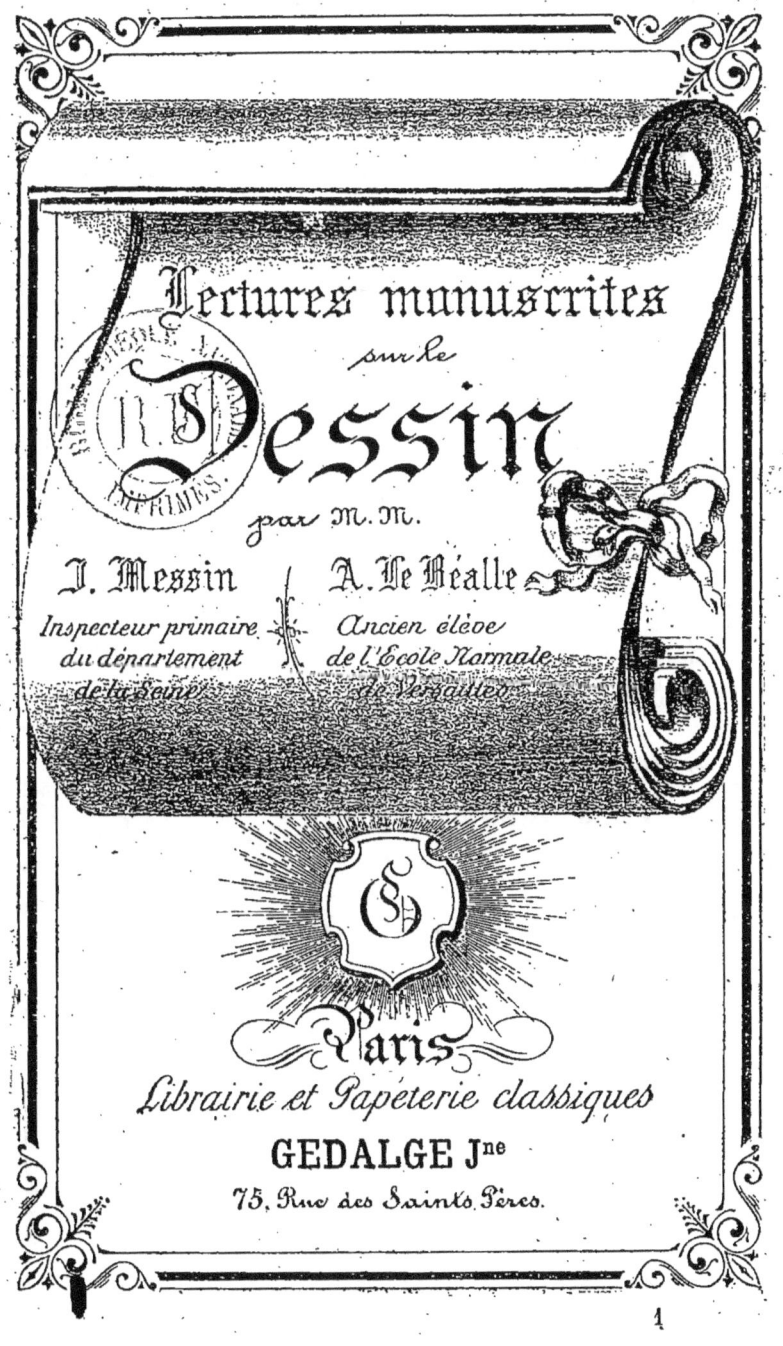

Ouvrages des mêmes auteurs,
(pour paraître en Juillet prochain)

Cahiers-esquisses de Dessin artistique:
Chaque cahier est composé de 14 pages de modèles accompagnés de leurs esquisses, pour être repassées et ombrées par l'élève. — Dessins des plus variés et des mieux gradués comme difficulté d'exécution.

1ère Série = 8 Cahiers format in-4° couronne (Commençants) très-bon papier à dessin, le cent .... 10.⁵ "

2ᵉ et 3ᵉ Séries = 6 Cahiers format in-4° carré, imprimés sur très-bon et très-beau papier à dessin, le cent .... 20. "

Aux Instituteurs, aux Institutrices.

Tout livre de lecture doit être aussi instructif que possible. Pour atteindre ce but, il faut qu'il soit approprié à l'âge du lecteur, et qu'il traite de matières ayant un réel caractère d'utilité. Dans nos écoles, dans celles de filles comme dans celles de garçons, les livres de lectures manuscrites ne peuvent être mis entre les mains des élèves que lorsque ceux-ci ont acquis une certaine instruction; c'est alors aussi qu'ils doivent commencer l'étude sérieuse du dessin.

On a bien pu jusque là leur faire faire, tant bien que mal, du crayonnage, exercice qui rend la main plus souple, plus légère, plus sûre et plus habile, mais la plupart du temps les préceptes et le raisonnement ont fait défaut.

Tels sont les motifs qui nous ont guidés dans le choix du sujet de nos lectures; quant au choix des écritures, il est, croyons-nous des plus rationnels. Avant de chercher à lire de mauvaises écritures, il faut savoir lire couramment les bonnes, les faciles ; dans ce but, nous avons employé pour nos quatre premiers chapitres l'Anglaise, la Ronde, la Bâtarde, la Coulée. Viennent après des écritures défectueuses, un peu difficiles, mais non rendues indéchiffrables, soit par leur imperfection exagérée, soit par leur extrême finesse.

   Nous offrons donc en toute confiance aux Instituteurs et aux Institutrices, nos lectures dont ils apprécieront certainement le caractère pratique.

Emerin *A. Le Béalle*

Paris, 15 Mai 1879

Lectures manuscrites sur le Dessin

Du Dessin en général.

Hier, encore, le Dessin n'était enseigné que comme Art d'agrément; tout comme la Musique et la Danse; il est aujourd'hui placé au rang des connaissances dont l'enseignement est obligatoire. Voyons quels sont ses titres à cette faveur :

Nous ne dirons rien, ni pour, ni contre la Danse qui, sous ses apparences futiles cache quelques avantages comme hygiène et comme maintien; sous ce double rapport toutefois, et sous bien d'autres l'Escrime et la Gymnastique l'emportent sur elle; qu'elle reste donc art d'agrément.

Quant à la Musique, elle adoucit les mœurs, contribue à établir l'accord et l'harmonie entre les esprits comme entre les voix et les instruments; mais elle n'a rien de durable, et ne laisse qu'un souvenir des satisfactions momentanées qu'elle procure; elle n'est, en un mot, qu'un art d'agrément.

Le Dessin, lui, joint l'utile à l'agréable. Quelque modeste que soit son talent, le dessinateur passe toujours agréablement, et souvent fructueusement ses heures de solitude; il trouve toujours des admirateurs de ses œuvres, lors même qu'elles sont sans valeur; si, au contraire, elles ont du mérite, elles passent à la postérité qui inscrit le nom de l'auteur sur ses tablettes d'or. Quoi de plus attrayant d'ailleurs que de perpétuer l'image d'un objet aimé ou admiré; que de donner pour ainsi dire un corps aux rêves enfantés par l'imagination.

Comme art d'agrément, le Dessin a donc l'avantage sur ses deux sœurs; mais de plus, il est très utile sous le nom de Dessin d'imitation; Science indispensable, sous le titre de Dessin Linéaire.

Le Dessin Linéaire ou plutôt Géométrique enseigne à représenter les objets, soit en maintenant leurs dimensions réelles, soit en les augmentant, soit en les diminuant,

mais de telle sorte que les diverses
parties de l'image conservent toujours entre elles les proportions relatives existant entre celles du modèle,
sauf toutefois la réduction que subis-
sent les lignes et les surfaces, par
suite de leur position plus ou moins
oblique par rapport au rayon visuel.
(Nous ferons connaître les moyens
de déterminer cette réduction dans
le chapitre des Projections). Cette
régularité, cette exactitude dans la
représentation des objets, s'obtient
au moyen d'opérations géométriques
dont les plus importantes portent
le nom de Projections.

Le Lavis, auxiliaire souvent
indispensable du Dessin Linéaire,
complète l'image des objets, en ajou-
tant au tracé des contours: les ombres
dont la direction, l'étendue, l'intensité
sont encore déterminées géométriquement.

les teintes soit réelles soit conventionnelles des divers matériaux qui composent un ensemble.

La science du dessin linéaire est donc indispensable : au patron pour dresser ses plans, comme à l'ouvrier pour les comprendre et les mettre en œuvre; à l'architecte au mécanicien, au charpentier, comme au maçon, au serrurier, au menuisier, comme à tout producteur d'œuvre industrielle exigeant de la régularité dans les détails de la précision dans les assemblages.

Mais si cette science est indispensable à celui qui prépare et dirige les travaux, comme à celui qui les exécute, n'est-elle pas au moins utile à celui qui ne fait que commander ? Le propriétaire, le négociant, le simple

particulier ne feront-ils
pas mieux comprendre, par
le dessin que par la parole,
les modifications qu'ils
veulent apporter : celui-ci,
à sa maison, à son jardin,
celui-là, aux agencements
de ses magasins ; cet autre
à la distribution de son
appartement.

Oui, la science du
Dessin Linéaire est utile,
nécessaire, indispensable.
On a donc eu cent fois
raison d'en rendre l'en-
seignement obligatoire,
même avant celui du
Dessin d'Imitation.
Nous allons voir cepen-
dant que ce dernier mé-
rite la même faveur à
bien des égards.

Le Dessin d'Imitation
ou Artistique représente
les objets tels qu'ils apparaissent à la vue, sans
tenir compte de leurs

proportions relatives réelles, mais bien de celles que leur prête la Perspective. Il se met au service de l'imagination pour la réalisation des compositions qu'elle crée. Sa connaissance est indispensable à l'ornemaniste qui décore nos édifices, nos appartements, nos meubles. Il est le père de la peinture, dont l'utilité n'a pas besoin d'être affirmée. Enfin il vient en aide au dessin linéaire pour l'exécution rapide des croquis que celui-ci régularise par compas et par mesures. Il est vrai que ce dernier lui rend bien, en lui déterminant les grandes lignes et les proportions dont la perspective et la fantaisie elle-même ne peuvent s'affranchir.

Réunissons donc dans un même enseignement obligatoire ces deux sortes

de dessin que se complètent
si intimement, en faisant
toutefois marcher le Dessin
Linéaire de quelques pas
en avant du dessin d'Imi-
tation pour lui éclairer
la route.

———⁂———

De nombreux Instituteurs n'ont
pas attendu que l'Enseignement du
Dessin soit obligatoire pour le mettre
en pratique. Dans le Département
de la Seine notamment, il n'est pas
une seule école où les deux genres de
Dessin n'offrent dès maintenant des
résultats satisfaisants. Grâce en
soient rendues aux Commissions
spéciales qui ont établi des concours
stimulant le zèle des maîtres &
l'application des élèves, et qui
donnent des résultats fort brillants.
Espérons qu'il en sera bientôt
partout de même, et qu'à la
prochaine Exposition Universelle
toutes les écoles de France pourront
être dignement représentées.

Enseignement du Dessin.

L'enseignement du Dessin est enfin obligatoire ! C'est là une mesure excellente, et le maître qui signe ce livre a lieu de s'en réjouir, lui qui depuis plus de quarante années l'enseigne et plaide pour lui faire rendre cette justice ; trop heureux s'il a quelque peu contribué à ce résultat.

Mais qui sera le Professeur ? quelle sera la Méthode ? Nous ne voulons parler ici, bien entendu, ni pour les collèges ni pour les lycées qui doivent être pourvus sous ce double rapport, mais bien pour les Écoles.

Comme Professeur ? Eh mais

l'Instituteur lui-même. Il n'a pas à faire des artistes de ses élèves, Dieu l'en garde, mais à préparer de laborieux ouvriers, d'intelligents et capables industriels. Son coup d'œil, sa main, son goût sont plus exercés que les leurs; il est plus expert qu'eux dans le maniement du crayon, de la plume, du compas, du tireligne.

Qu'il mette d'abord entre leurs mains des cahiers d'exercices tout préparés, pendant qu'ils apprendront avec ces cahiers le maniement du crayon; qu'il s'exerce lui-même; qu'il soit son propre professeur. Son bon vouloir le rendra promptement capable d'être le meilleur professeur de ses élèves, tout aussi bien en dessin qu'en écriture

Nous ne parlons pas ici en vue de l'économie budgétaire municipale ou départementale; car, si l'Instituteur s'impose un surcroît de travail, il est juste qu'il ait un surcroît de traitement, soit comme appointements fixes, soit à titre d'encouragements, répartis suivant le zèle des maîtres, affirmé par les progrès des élèves, sans toutefois que même le moins méritant soit entièrement privé du fruit de son labeur. Nous avons en vue l'influence salutaire de l'instituteur, son prestige pédagogique qui ne peut que s'amoindrir aux yeux de ses élèves par le partage de son autorité avec un autre professeur.

Ce ne sont pas d'ailleurs les plus savants qui sont les meilleurs professeurs pour les commençants; Croyez-vous par exemple qu'un Leverrier démontrerait péremptoirement les lois de la numération a des calculateurs de 10 ans ; qu'un Châteaubriand leur expliquerait correctement les règles de la grammaire ; qu'un Vernet leur enseignerait au mieux à bien reproduire les contours, les sinuosités d'un nez ? Non certes ! Les savants planent trop haut pour se souvenir des difficultés d'en bas. Celui qui vient d'apprendre, qui apprend encore, les a pour ainsi dire sous les yeux, comme aussi les moyens qu'il a dû trouver, employer, pour surmonter les obstacles ; il saura, mieux que tout autre, les expliquer et faire ainsi profiter les autres de son expérience récemment acquise.

Certains sujets pourront parfois dépasser le maître ; n'en est-il pas ainsi en tout et toujours ; sans cela, comment se produirait le progrès. Ce sont là des exceptions malheureusement trop rares, qu'il faut espérer

au lieu de les redouter ; l'Instituteur
devra s'en glorifier à bon droit, et non
s'en trouver humilié.

Quant au choix d'une Méthode
il ne faut pas, croyons-nous, en exagé-
rer l'importance ; toutes ont un bon
côté comme une partie faible. Combien
ont été préconisées comme le nec plus
ultra, à commencer par celle du savant
Jacotot, dont le souvenir même est
effacé. Pourquoi en choisir une à
l'exclusion de toute autre.

En ce moment, par exemple, des
hommes d'un très-grand mérite, insis-
tent pour que l'on fasse commencer
l'étude du Dessin par le dessin d'après
la Bosse (plâtres) voire même d'après
Nature. Ils ont, croyons-nous, oublié
les difficultés premières. Si le commençant
ne connaît pas l'A B C du Dessin,
c'est-à-dire le maniement du crayon,
la manière de lui faire représenter
telle ou telle forme, comment peut-on
espérer qu'il va, du premier coup,
non seulement les épeler, mais encore
les lire, les traduire couramment.
Il ne produira, et à grand peine

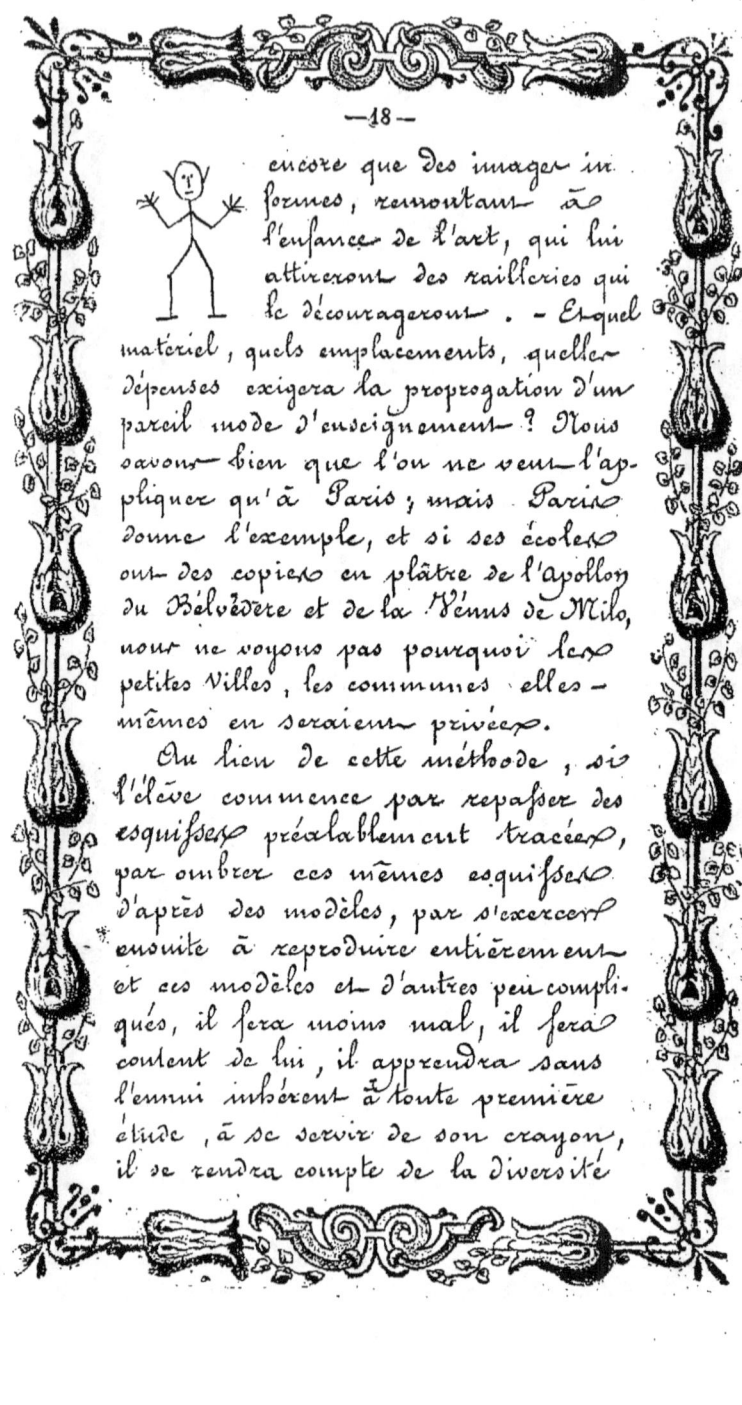 encore que des images informes, remontant à l'enfance de l'art, qui lui attireront des railleries qui le décourageront. — Et quel matériel, quels emplacements, quelles dépenses exigera la propagation d'un pareil mode d'enseignement ? Nous savons bien que l'on ne veut l'appliquer qu'à Paris ; mais Paris donne l'exemple, et si ses écoles ont des copies en plâtre de l'Apollon du Belvédère et de la Vénus de Milo, nous ne voyons pas pourquoi les petites villes, les communes elles-mêmes en seraient privées.

Au lieu de cette méthode, si l'élève commence par repasser des esquisses préalablement tracées, par ombrer ces mêmes esquisses d'après des modèles, par s'exercer ensuite à reproduire entièrement et ces modèles et d'autres peu compliqués, il fera moins mal, il sera content de lui, il apprendra sans l'ennui inhérent à toute première étude, à se servir de son crayon, il se rendra compte de la diversité des formes ; il se croira déjà dessinateur, et l'amour propre stimulant l'émulation, transformera cette fausse bonne opinion de lui-même en une avantageuse réalité.

En résumé, la meilleure méthode est celle que se crée le maître lui-même, parcequ'il l'enseigne avec conviction. Il suffit donc, croyons-nous, de quelques cahiers d'exercices, de quelques modèles détachés, pour faire franchir les premiers pas à l'étude du Dessin. Quand elle marchera toute seule, Oh ! alors ! ôtez lui les lisières ; faites copier d'après la bosse, d'après nature ; donnez même le sujet d'une composition à créer, tout comme aux Beaux-Arts ; rien de mieux.

Que l'on n'aille pas, surtout se lancer à la recherche exclusive de modèles empruntés aux œuvres des grands maîtres, des modèles les plus artistement exécutés, car on risquerait de faire fausse route. Il en est du Dessin comme de l'Écriture ; une ligne écrite par le maître est copiée avec plus d'attention et de soin, qu'un modèle admirablement gravé; l'élève ne peut atteindre à la perfection de celui-ci, et dit pour excuse de son inhabile copie, de son découragement : C'est gravé; tandisqu'au contraire il s'efforce de copier le modèle du maître, d'en éviter les imperfections. Et alors, quelle douce satisfaction pour lui que de pouvoir se dire, que d'entendre même : c'est mieux que le modèle. Ne serait-ce pas là un moyen d'émulation à employer en Dessin.

Que les modèles soient de bon goût ; que les formes y soient correctes, peu importe après cela que l'exécution en soit plus ou moins artistique. M.M. les Inspecteurs ne sont-ils pas là d'ailleurs pour diriger les Instituteurs dans leurs choix.

Quelques conseils sur les procédés à employer sont cependant indispensables à ceux qui n'ont aucune teinture de l'enseignement du Dessin ; nous allons les formuler brièvement.

Procédés divers.

En terme d'atelier on donne le nom de Ficelle à tout procédé pratique, mais non théorique, que l'on emploie pour abréger ou faciliter certaines opérations. Nous ne ferons pas ici de distinction et nous donnerons sous un même titre tous les procédés utiles qu'une longue expérience nous a fait connaître.

Dessin Géométrique.

On se sert, en Dessin géométrique, de la règle divisée en millimètres et du compas, pour prendre ou déterminer les mesures, tracer les lignes droites, les arcs et les circonférences, avec le crayon de graphite nommé usuellement mine de plomb, le tireligne ou la plume. Les équerres servent, avec la règle, au tracé des droites parallèles, perpendiculaires ou à 45°. — L'encre de Chine est la seule dont on doive se servir.

Règle divisée. — Les mesures à prendre, en Dessin géométrique, sont souvent symétriques, c'est-à-dire qu'elles sont les mêmes de chaque côté d'un même point de départ. C'est pour ce motif que nous avons fait fabriquer des règles divisées symétriquement, le point 0 (zéro) étant au milieu, et la numération progressant de chaque côté, en s'éloignant de ce point.

Soit par exemple, à prendre sur

la ligne AC, de chaque côté du point B, les mesures consécutives : 6, 8, 14, 21, 28, 36... millimètres :

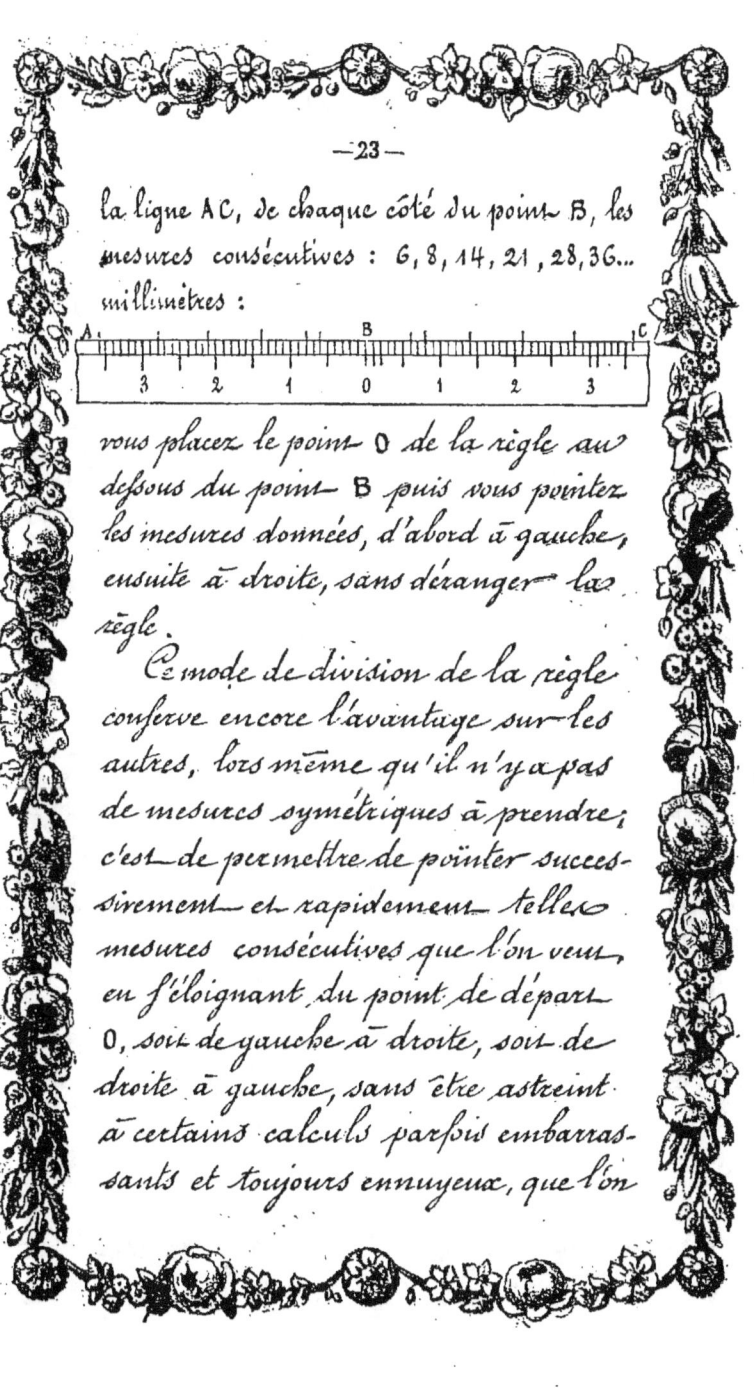

vous placez le point 0 de la règle au dessous du point B puis vous pointez les mesures données, d'abord à gauche, ensuite à droite, sans déranger la règle.

Ce mode de division de la règle conserve encore l'avantage sur les autres, lors même qu'il n'y a pas de mesures symétriques à prendre ; c'est de permettre de pointer successivement et rapidement telles mesures consécutives que l'on veut, en s'éloignant du point de départ 0, soit de gauche à droite, soit de droite à gauche, sans être astreint à certains calculs parfois embarrassants et toujours ennuyeux, que l'on

— 24 —

est forcé de faire lorsque la numération des divisions de la règle, ne progressant que dans un seul sens, se trouve la moitié du temps en sens inverse de la progression des mesures que l'on peut avoir à prendre.

Vérification de la règle plate. — La règle divisée, ainsi que toutes celles dont on doit faire usage en Dessin géométrique est plate et fort mince, ce qui est nécessaire pour la rectitude des lignes. Or, il arrive souvent que la sécheresse ou l'humidité font jouer le bois, et la règle alors n'est plus droite. Pour vérifier la rectitude de la règle : tracez une ligne tout le long de l'un des côtés ; faites pivoter ce même côté sur la ligne, de telle sorte que la règle étant d'abord en dessous se trouve en dessus, les deux extrémités du même côté coïncidant avec les points extrêmes de la ligne qui, si la règle est droite, doit coïncider en tout points avec la première. Dans le cas contraire, la règle n'est pas droite; elle a besoin des soins du menuisier.

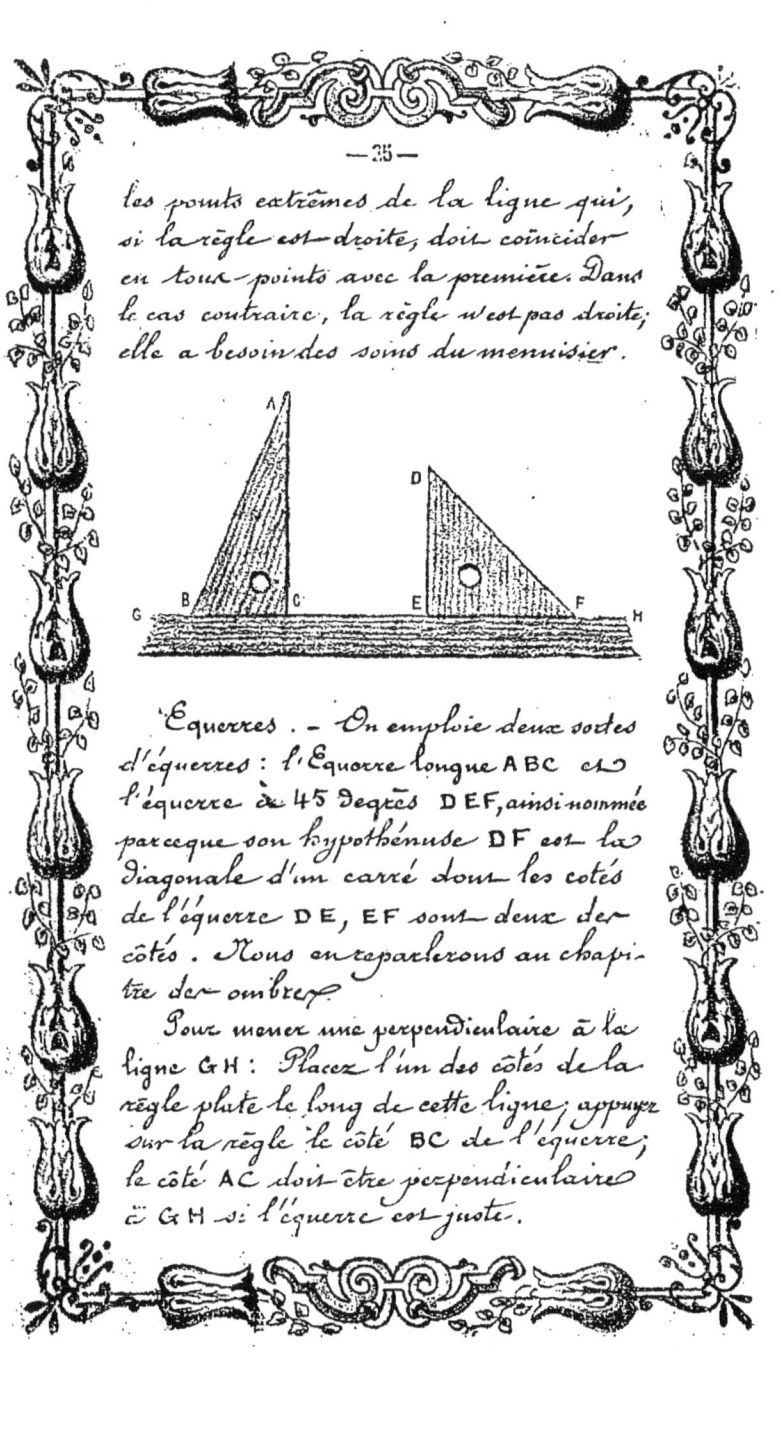

Équerres. — On emploie deux sortes d'équerres: l'Équerre longue ABC et l'équerre à 45 degrés DEF, ainsi nommée parceque son hypothénuse DF est la diagonale d'un carré dont les côtés de l'équerre DE, EF sont deux des côtés. Nous en reparlerons au chapitre des ombres.

Pour mener une perpendiculaire à la ligne GH: Placez l'un des côtés de la règle plate le long de cette ligne; appuyez sur la règle le côté BC de l'équerre; le côté AC doit être perpendiculaire à GH si l'équerre est juste.

Pour vérifier si l'équerre est juste, la règle et l'équerre ABC étant placées comme ci-dessus, menez une droite le long de AC ; retournez l'équerre de gauche à droite de la ligne AC ; menez une seconde droite qui doit coïncider avec la première.

Pour mener une droite formant angle de 45° avec la droite GH, menez une droite le long de l'hypothénuse DF de l'équerre DEF.

Crayon. - Caoutchouc. - Dolage.

Le crayon de plombagine ou de graphite, vulgairement dit de mine de plomb, dont on se sert pour le Dessin géométrique, 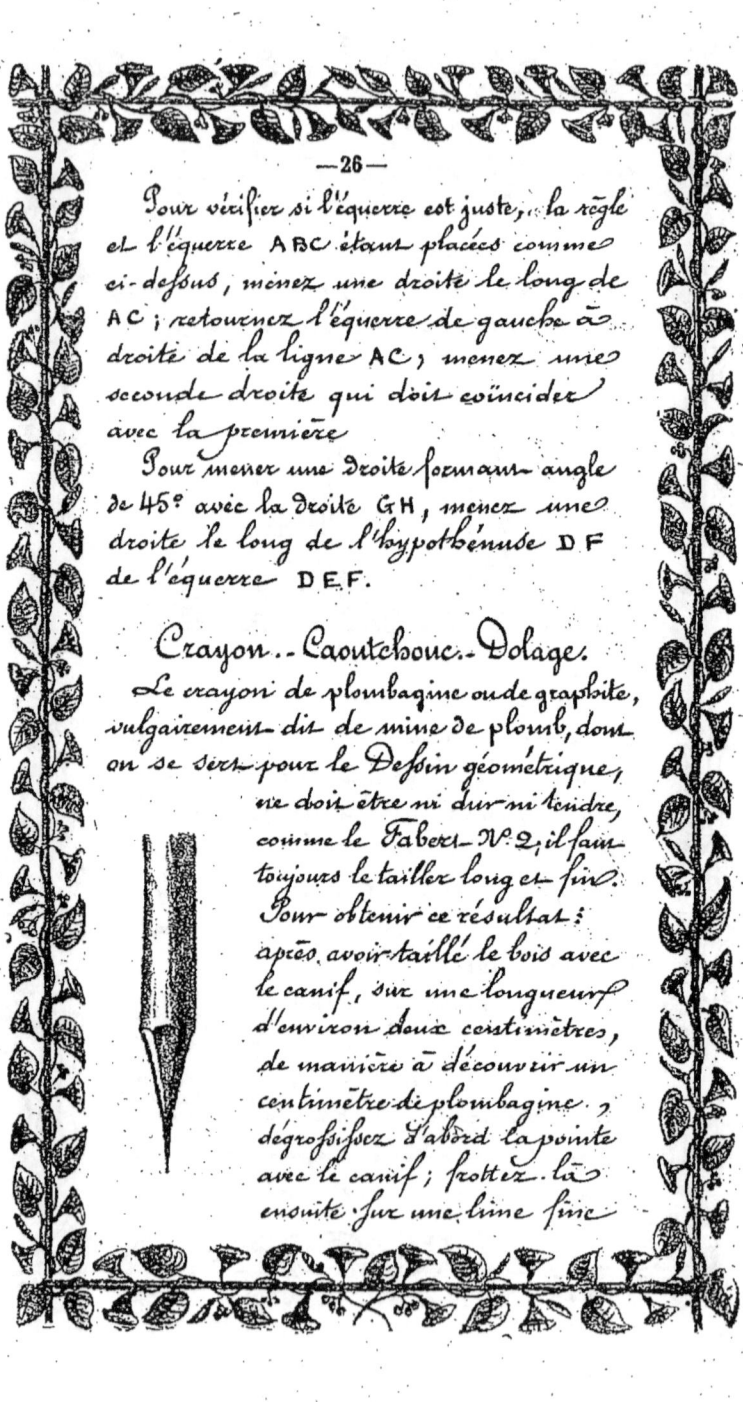 ne doit être ni dur ni tendre, comme le Faber-N° 2 ; il faut toujours le tailler long et fin. Pour obtenir ce résultat : après avoir taillé le bois avec le canif, sur une longueur d'environ deux centimètres, de manière à découvrir un centimètre de plombagine, dégrossissez d'abord la pointe avec le canif ; frottez-la ensuite sur une lime fine ou sur du papier d'émeri un peu gros (Dumas, N° 2), en tenant le crayon presqu'horizontal, et en le faisant tourner constamment entre les doigts.

Il faut tracer les lignes très légèrement, afin de pouvoir les effacer facilement après avoir passé à l'encre. L'effaçage s'effectue ordinairement avec un morceau de caoutchouc, qui a malheureusement l'inconvénient de salir et tacher parfois le papier, de l'érailler souvent, de le graisser toujours. Aussi lui préférons nous un morceau de peau de gant blanche ou du Dolage; (raclure de peau de gant), qui efface aussi bien, et au lieu d'inconvénients, présente l'avantage d'adoucir et de régulariser les teintes loin de les égratigner comme le caoutchouc.

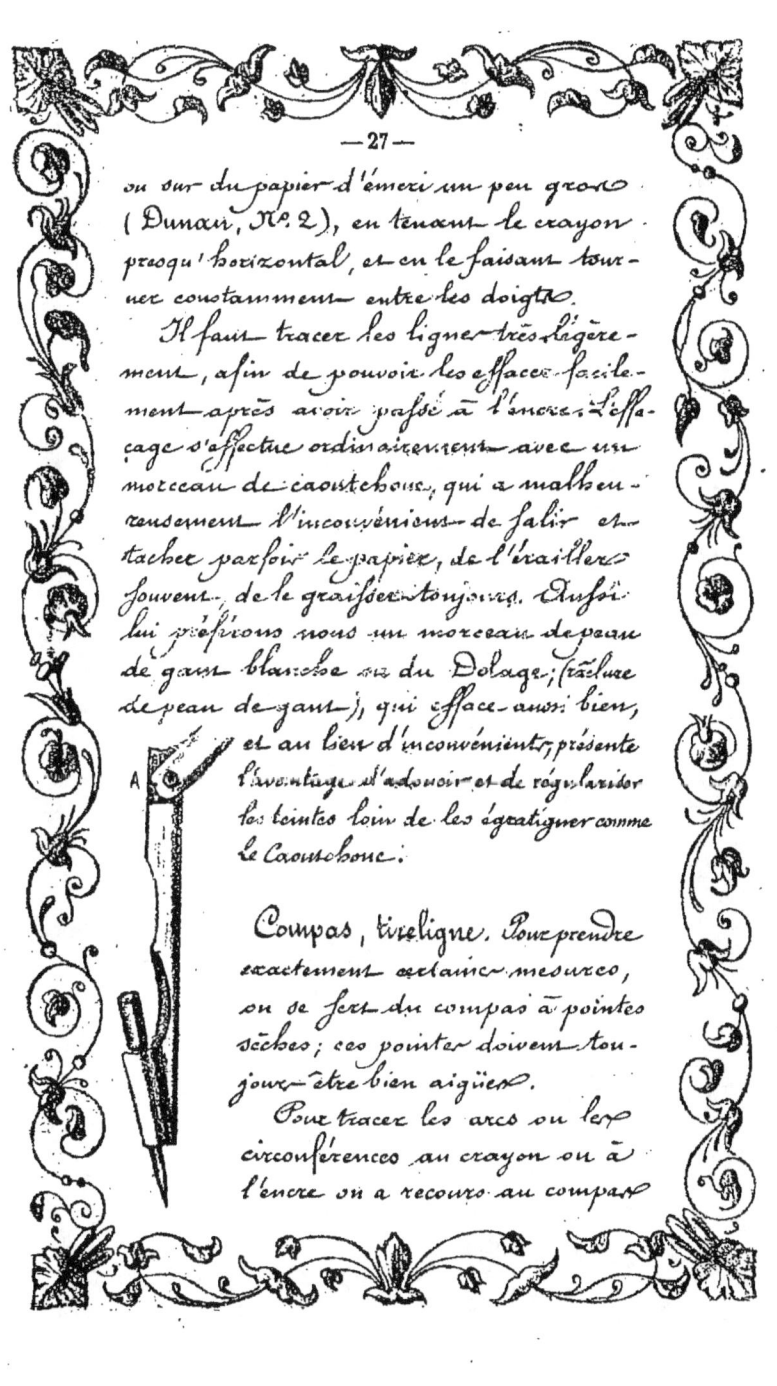

Compas, tireligne. Pour prendre exactement certaines mesures, on se sert du compas à pointes sèches; ces pointes doivent toujours être bien aiguës.

Pour tracer les arcs ou les circonférences au crayon ou à l'encre on a recours au compas à pointes de rechange; la pointe à crayon et la pointe à tireligne ont chacune une brisure A qui permet de la couder, afin que, quelle que soit l'ouverture du compas, le crayon ou le tireligne soit toujours perpendiculaire au papier. La pointe qui trace doit être conduite dans le sens que suivent les aiguilles d'une horloge.

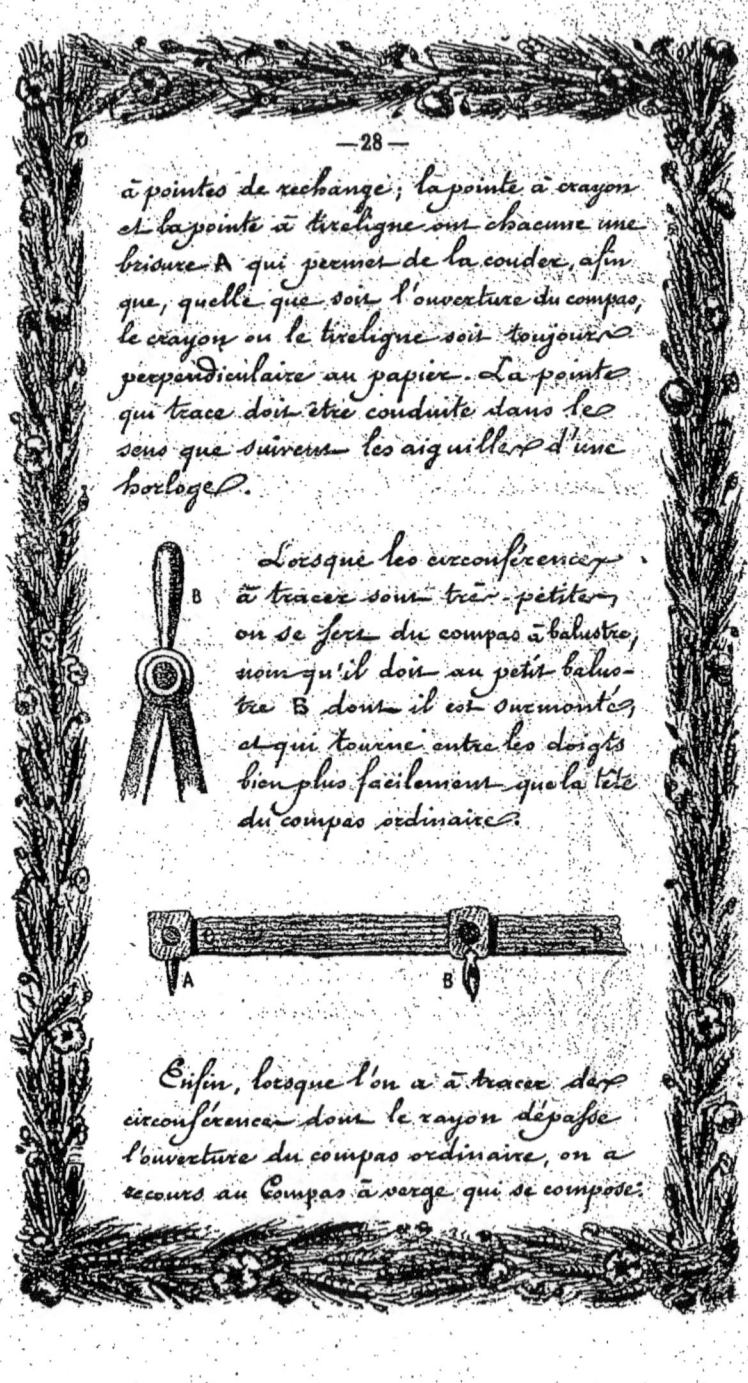

Lorsque les circonférences à tracer sont très petites, on se sert du compas à balustre, nom qu'il doit au petit balustre B dont il est surmonté, et qui tourne entre les doigts bien plus facilement que la tête du compas ordinaire.

Enfin, lorsque l'on a à tracer des circonférences dont le rayon dépasse l'ouverture du compas ordinaire, on a recours au Compas à verge qui se compose:

d'une règle CD, à l'une des extrémités de laquelle s'adapte une boîte A munie d'une pointe sèche; une autre boîte B appelée curseur ou chariot, dans laquelle on fait entrer la règle, est munie à volonté d'un crayon ou d'un tireligne; cette boîte glisse sur la règle, de telle sorte que l'on prend la distance voulue entre les deux pointes.

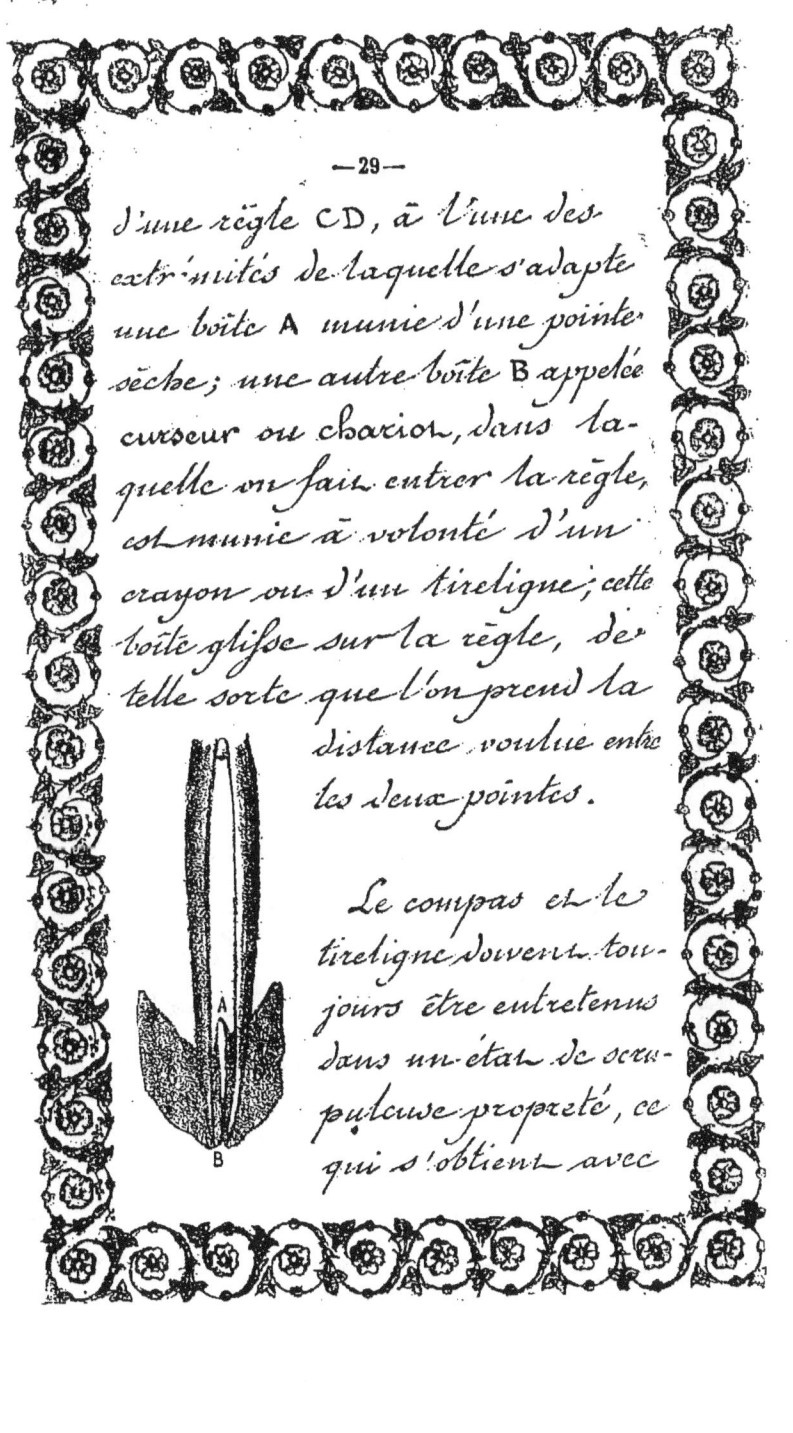

Le compas et le tireligne doivent toujours être entretenus dans un état de scrupuleuse propreté, ce qui s'obtient avec du papier d'émeri fin (00). Ce même papier d'émeri double zéro sert encore à repasser le tireligne de la manière suivante : Introduisez entre les deux lames du tireligne un morceau de papier d'émeri plié en deux, AB, l'émeri en dehors ; relevez ensuite les deux extrémités C,D, le long de la partie extérieure des lames ; pressez le tout entre le pouce et l'index de la main gauche ; et de la droite, imprimez un mouvement de va et vient au manche du tireligne, ce qui fait frotter sur l'émeri les deux faces de chaque lame.

Si l'une des deux lames du tireligne est un peu plus longue que l'autre, on la raccourcit en la frottant sur le papier d'émeri N° 2, en tenant le tireligne bien perpendiculaire à ce papier sur lequel on repasse ensuite le dos de la lame raccourcie pour l'amincir. — Ce papier sert également à repasser les pointes sèches lorsqu'elles ne sont pas tout-à-fait aiguës, ou lorsqu'elles accrochent.

Porte-plume-Compas.*

Les compas à pointes de rechange et à balustre coûtent malheureusement un peu cher ; aussi nous

---

* Se trouve chez GEDALGE jeune

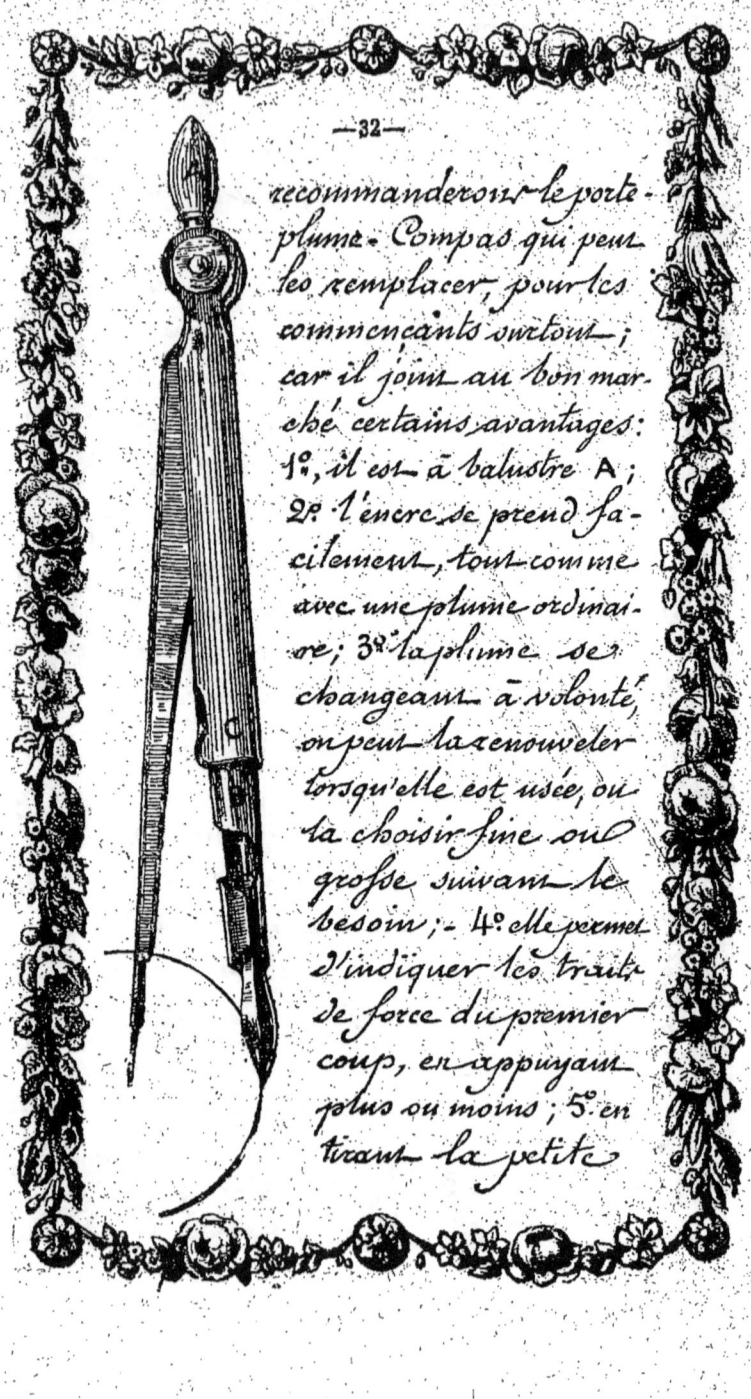

recommanderons le porte-plume. Compas qui peut les remplacer, pour les commençants surtout ; car il joint au bon marché certains avantages : 1º, il est à balustre A ; 2º l'encre se prend facilement, tout comme avec une plume ordinaire ; 3º la plume se changeant à volonté, on peut la renouveler lorsqu'elle est usée, ou la choisir fine ou grosse suivant le besoin ; 4º elle permet d'indiquer les traits de force du premier coup, en appuyant plus ou moins ; 5º en tirant la petite douille B, dans laquelle est emmanchée la plume, on fait rentrer celle-ci dans le tube C ; - 6° en fermant alors le compas, la branche à pointe sèche rentre latéralement dans le même tube ; il n'y a plus alors ni crainte de l'épointer, en laissant tomber l'instrument, ni danger de se blesser ; 7° Enfin il est en maillechort, et ne donne pas à redouter le vert-de-gris.

Encre de Chine — On emploie l'encre de chine à l'exclusion de toute autre, parcequ'elle n'oxyde pas le tireligne, ne change pas de ton en vieillissant, et surtout ne déteint pas lorsqu'elle est de bonne qualité et bien préparée.

Elle est de bonne qualité, lorsqu'elle a un reflet roux mordoré, brillant, et qu'elle sent le musc ; Il faut impitoyablement rejeter celle qui est d'un noir terne et qui a une odeur de noir de fumée.

Pour la bien préparer, on doit en délayer de nouvelle à chaque séance, cette encre étant pour ainsi dire comme le plâtre qui, une fois gâché et séché, ne prend pas une seconde fois.

Lorsque l'on a besoin d'une notable quantité de teinte bien noire, comme par exemple pour représenter un carrelage mi-partie noir et blanc, on se sert d'eau un peu chaude (60 à 70°) pour délayer l'encre de Chine plus promptement. Si l'on a, au contraire à passer des teintes claires et bien unies, on frotte le bâton d'encre de Chine sur l'extrémité mouillée du doigt que l'on frotte ensuite dans le godet; si, malgré cette précaution, il y a du grain dans la teinte, laissez-la déposer pendant quelques minutes, puis transvasez-la avec précaution.

L'eau de pluie ou de rivière qui dissolvent bien le savon

sont les seules convenables pour délayer l'encre de Chine ; l'eau de puits ou de source est généralement crue et la délaye mal.

On ne doit jamais laisser tremper longtemps dans l'eau le bâton d'encre de Chine qu'il faut en outre essuyer aussitôt après s'en être servi ; sans cela, l'humidité le pénètre et le fait gonfler ; puis en séchant il se gerce, se fendille, s'écaille.

Effaçage des traits à l'encre.

Pour effacer un faux trait passé à l'encre, imbibez sur la langue la pointe du pinceau ; passez-la légèrement sur la partie à effacer, et frotter rapidement avec le caoutchouc ou le dolage.

Régularisation des teintes.

Lorsque les teintes sont inégales ou trop foncées, on peut les régulariser, les adoucir avec le dolage que l'on éparpille sur le papier et sur lequel on pose la main à plat pour frotter en tous sens. Si cela ne suffit pas, il faut laver avec une éponge bien douce, sans trop appuyer.

Préparation du papier. — Le papier n'est pas toujours parfaitement collé; ou encore le satinage l'a rendu impropre à recevoir des teintes sans nuages. Dans cette prévision, une précaution à prendre et qui n'est jamais nuisible, c'est de le laver légèrement avec l'éponge imbibée d'eau de savon; cette eau doit ne pas être trop saturée de savon et n'avoir qu'une légère teinte de petit lait. — On passe encore avec le pinceau cette eau savonneuse sur les endroits où l'on a effacé de faux traits. — L'eau de savon peut être remplacée par de l'eau saturée d'alun.

Pinceaux. — Les pinceaux dont

ou se sert pour le lavis ne doivent être ni trop gros, ni trop fins, de la force à peu près de ceux que nous donnons ici. Il faut toujours en avoir deux emmanchés sur une même hampe ; l'un, consacré aux teintes, et l'autre à l'eau pure, pour fondre les teintes ou laver promptement une tache, un débord. Afin de les reconnaître facilement, on a soin de les choisir avec des liens A et B différents de couleur, les uns rouges par exemple, et les autres bleus. Leur longueur totale ne doit pas dépasser de beaucoup notre modèle, afin de permettre de les changer rapidement de bout en les faisant tourner entre les doigts, lorsque besoin est pour se servir alternativement de l'un & de l'autre.

Il faut avoir soin de laver ses pinceaux, lorsque l'on a fini de s'en servir, et de leur

faire faire bien la pointe en les pres-
sant entre les lèvres, pour qu'ils
sèchent dans cette position ; éviter
de courber leurs pointes en les ran-
geant dans une boîte trop courte,
car s'ils sèchent une seule fois
dans cette position, il devient
fort difficile de les redresser, et ils
sont aussi mauvais que possible.

Surtout, ne coupez jamais les
pointes ; si un poil dépasse, arra-
chez-le ou brisez-le avec précaution.

Dessin artistique.

Le Dessin artistique s'effectue généralement au crayon noir, dit crayon
Conté, du nom de son inventeur.
Le N° 1 est trop dur et peu employé, parce qu'il rend la main
lourde ; aussi conseillons-nous l'emploi du N° 2.

Crayon Lemercier. Employant
le crayon lithographique Lemercier
pour exécuter nos dessins sur pierre,
nous nous en sommes également

servis pour dessiner sur papier et, dans ce dernier usage, nous lui avons reconnu certains avantages : Il est plus doux, plus moelleux que le crayon Conté, et n'a pas l'inconvénient de s'estomper, de se barbouiller, car il ne s'efface pas. Cet avantage pourrait être pris pour un inconvénient par les commençants, sujets à commettre des erreurs ; mais où serait le mal, si cela forçait l'élève à prendre l'habitude de bien arrêter son esquisse, avant de passer au trait, pour n'en pas faire de faux ; à perdre celle de compter sur le secours de la mie de pain rassis, avec laquelle il graisse et salit à chaque instant son papier, sous le prétexte d'effacer. — Les crayon Lemercier N.º 1 donne de très-bons résultats ; il nous préserverait en outre de ces dessins d'un noir donnant à penser qu'ils ont été exécutés avec du charbon.

Papier. — Le papier dont on se sert pour dessiner au crayon noir doit être grainé et nous

— 40 —

satiné, encore moins glacé. Le papier bulle qui a une teinte légèrement bistrée, se rapprochant de la teinte du papier de Chine, convient bien aux premières études, s'il n'est ni trop lisse, ce qui a lieu lorsqu'il est très-mince, ni d'un grain trop gros, ce qui arrive quand il est très-épais. Il est en outre très-avantageux pour le dessin aux deux crayons, noir et blanc.

On exécute encore le dessin artistique avec le crayon de graphite. Ce genre de dessin, dit à la mine de plomb, réussit très-bien sur du papier satiné, voire même sur du carton Bristol qui est glacé.

Esquisse. — L'esquisse ou tracé des contours d'un dessin artistique s'opère d'abord avec du fusain, charbon d'un arbuste de ce nom, très-tendre et qui s'efface par le simple frottement d'un chiffon de toile. Il ne faut donc pas craindre de corriger et recorriger cette première esquisse, jusqu'à ce qu'elle soit satisfaisante, avant de la repasser au au crayon.

Il faut toujours commencer une esquisse par le tracé des grandes lignes, par le contour d'ensemble des masses ; les détails se mettent ensuite facilement en place. — La mise au crayon demande beaucoup de légèreté, le crayon taillé fin est tenu presque vertical.

Dans le cas où l'on adopterait l'usage du crayon Lemercier on peut, après avoir exécuté l'esquisse au fusain, l'arrêter légèrement avec le crayon graphite.

Croquis, maquettes, ébauches. —

Un croquis, qu'il ne faut pas confondre avec une esquisse, est un dessin exécuté rapidement et à grands traits. Il comprend non seulement l'indication des contours, mais encore la disposition et la masse des ombres. Le véritable talent se révèle dans un croquis exécuté, soit d'après un modèle, soit d'après nature, soit d'imagination. Les croquis des peintres portent cependant le nom d'esquisses ; c'est d'après leurs croquis que les artistes font leurs esquisses qui en sont pour ainsi dire la mise au net. Les sculpteurs appellent leurs ébauches des maquettes, mot italien qui a la même signification; les dessinateurs donnent parfois le même nom à leurs croquis.

Modelé. — Le modelé consiste dans l'art de bien appliquer les ombres, de faire tourner les objets, comme on dit vulgairement, de les mettre pour ainsi dire en relief, en ronde-bosse sur le papier. Il s'obtient par les hachures, le grainé ou l'estompé.

Les Hachures sont des traits de crayon parallèles entre eux, dont la nature, la direction, l'intensité sont déterminées par la forme, la matière la position de la surface qu'elles sont destinées à ombrer; elles sont:
Rectilignes ou Curvilignes;
Horizontales, verticales ou obliques;
Etroites ou larges; légères ou fortes;
Uniformes, fondues, graduées ou croisées.

Veut-on par exemple, représenter un bloc de pierre à faces planes, les hachures devront être: Verticales, uniformes, légères sur la surface A qui

—43—

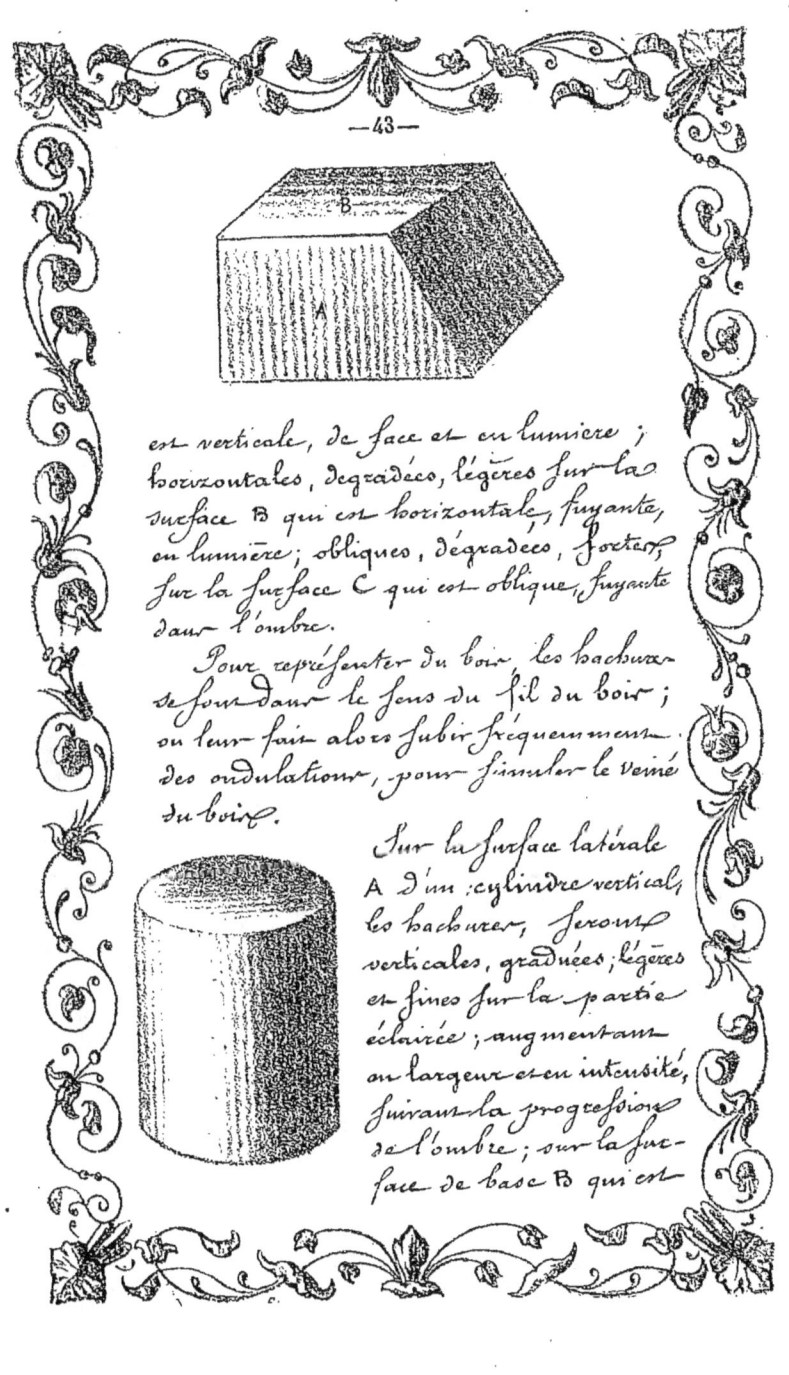

est verticale, de face et en lumière; horizontales, dégradées, légères sur la surface B qui est horizontale, fuyante, en lumière; obliques, dégradées, fortes, sur la surface C qui est oblique, fuyante dans l'ombre.

Pour représenter du bois, les hachures se font dans le sens du fil du bois; on leur fait alors subir fréquemment des ondulations, pour simuler le veiné du bois.

Sur la surface latérale A d'un cylindre vertical, les hachures seront verticales, graduées; légères et fines sur la partie éclairée; augmentant en largeur et en intensité, suivant la progression de l'ombre; sur la surface de base B qui est horizontale, fuyante en lumière, les hachures seront horizontales, dégradées, légères.

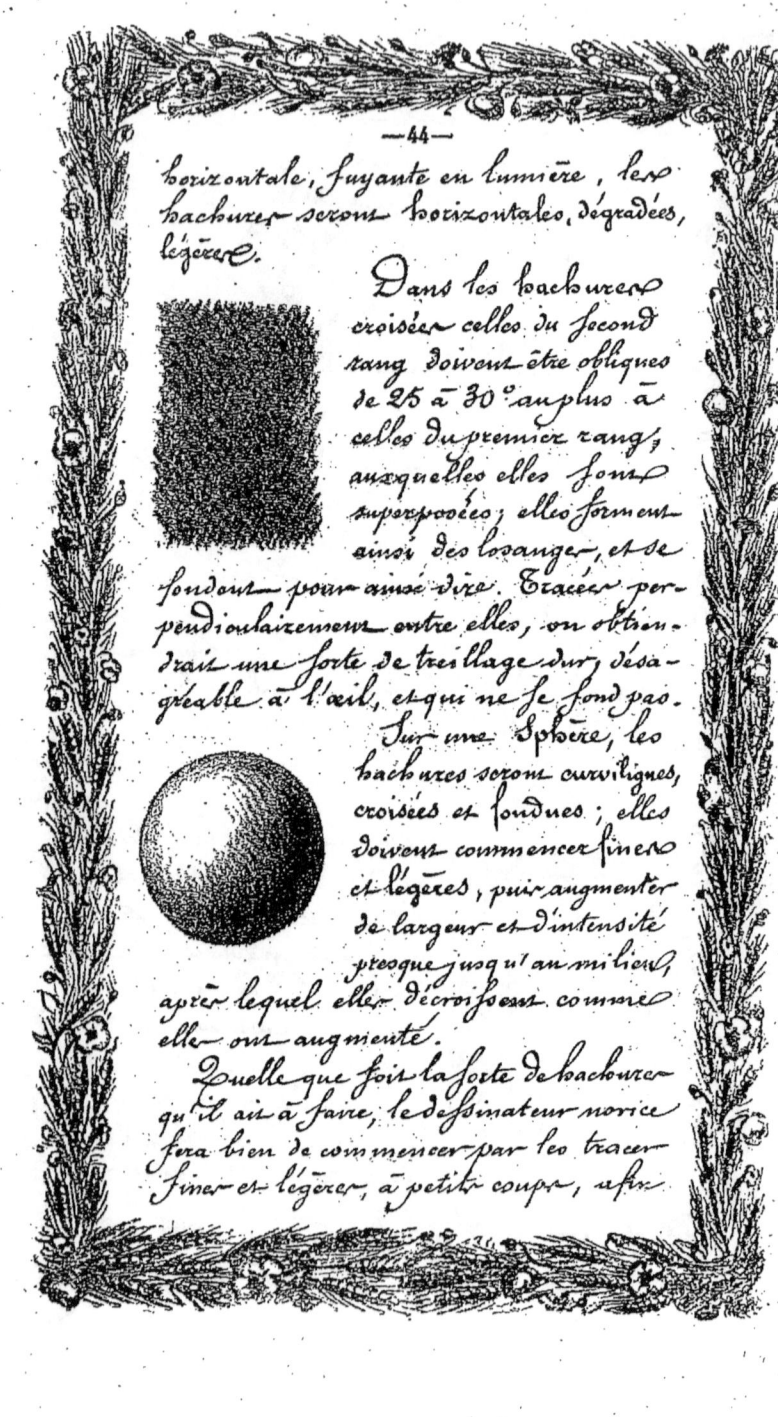

Dans les hachures croisées celles du second rang doivent être obliques de 25 à 30° au plus à celles du premier rang, auxquelles elles sont superposées ; elles forment ainsi des losanges, et se fondent pour ainsi dire. Tracées perpendiculairement entre elles, on obtiendrait une sorte de treillage dur, désagréable à l'œil, et qui ne se fond pas.

Sur une Sphère, les hachures seront curvilignes, croisées et fondues ; elles doivent commencer fines et légères, puis augmenter de largeur et d'intensité presque jusqu'au milieu, après lequel elles décroissent comme elles ont augmenté.

Quelle que soit la sorte de hachures qu'il ait à faire, le dessinateur novice fera bien de commencer par les tracer fines et légères, à petits coups, afin de les mettre bien en place ; puis après avoir usé sur du papier, la pointe de son crayon, jusqu'à ce qu'elle lui donne la largeur voulue par ses hachures il les repassera hardiment et d'un seul coup, en appuyant plus ou moins, suivant l'intensité qu'il doit obtenir.

Si en faisant une teinte de hachures il vous arrive d'en trouver quelques unes trop légères ; continuez malgré cela votre teinte ; quand elle sera terminée vous reprendrez celles qui seront défectueuses.

Dans le tracé des hachures le porte-crayon doit être tenu sans raideur ; et dépasser l'extrémité des doigts de 4 à 5 centimètres, ce qui lui donne une position très inclinée.

Les hachures fondues s'obtiennent soit en les traçant d'abord d'une teinte uniforme & en repassant ensuite sur la partie qui doit être plus foncée soit d'un seul coup en appuyant plus ou moins sur le crayon. Les plus belles hachures sont celles qui sont faites largement et grassement et d'un seul coup, par le mouvement du poignet seul, sans déplacer l'avant-bras. Ce n'est que par une longue pratique que l'on arrive à ce résultat désirable ; aussi conseillerons-nous à tout apprenti dessinateur de faire des hachures pendant 5 à 6 minutes, pour se faire la main, avant de se mettre au dessin qu'il veut soigner.

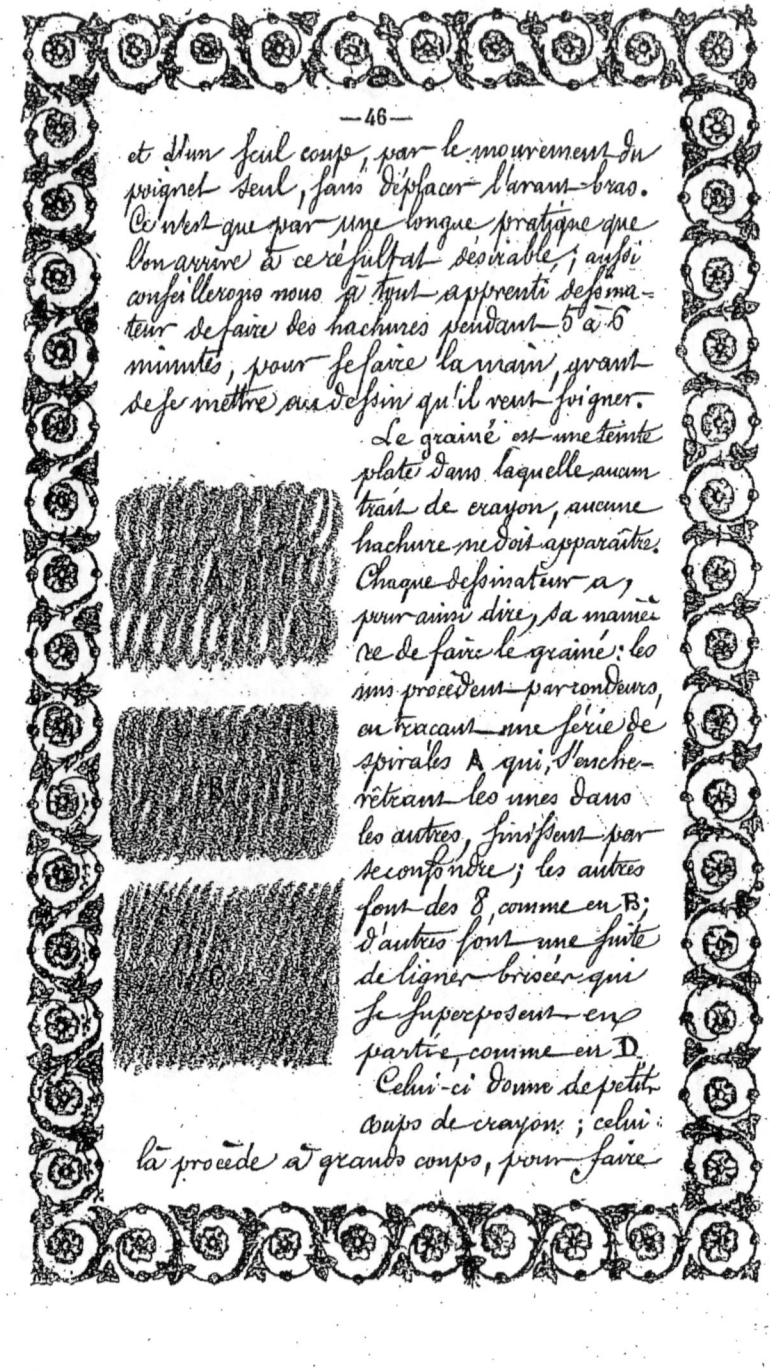

Le grainé est une teinte plate dans laquelle aucun trait de crayon, aucune hachure ne doit apparaître. Chaque dessinateur a, pour ainsi dire, sa manière de faire le grainé : les uns procèdent par rondeurs, en traçant une série de spirales A qui, s'enchevêtrant les unes dans les autres, finissent par se confondre ; les autres font des 8, comme en B ; d'autres font une suite de lignes brisées qui se superposent en partie, comme en D. Celui-ci donne de petits coups de crayon ; celui-là procède à grands coups, pour faire

des hachures larges, tangentes puis croisées;
et autre fait errer son crayon avec
lequel il ne fait que caresser le papier,
sans pour ainsi dire le tenir dans ses
doigts, et il obtient ainsi un léger frotté.
Le seul conseil que nous ayons à donner
c'est de procéder légèrement et successivement dans plusieurs sens.

Si le grainé doit être dégradé, il est
bon de commencer par établir une teinte
plate, sur laquelle on revient pour
foncer où il est besoin.

De quelque manière que l'on
procède, il est nécessaire que le crayon
soit préparé et tenu ainsi que nous
l'avons recommandé pour les hachures.

Le grainé se marie fort bien avec
les hachures tracées soit avant
soit après lui. Tracées avant, les hachures s'adoucissent et disparaissent
en partie sous le grainé; tracées
après, le travail paraît plus
ferme.

Nous dirons en passant que nous
n'avons jamais pu obtenir d'aussi
beaux grainés et aussi facilement
avec le crayon Conté qu'avec le
crayon Lemercier.

Estompé. — L'estompe est un

petit instrument en forme de cylindre, terminé par deux pointes coniques, fabriqué en peau, ou en gros papier gris.

On l'emploie soit avant les hachures faites, soit après, soit sans hachurer; mais dans ce dernier cas, il faut en posséder à fond le maniement.

Pour se servir de l'estompe, on prépare d'abord de la sauce, autrement dit; on enduit un petit carré de papier d'une forte teinte de crayon noir très-tendre; On promène sur la sauce, l'estompe que l'on charge ainsi de noir, et l'on frotte ensuite sur un autre morceau de papier pour obtenir le ton plus ou moins foncé que l'on désire; l'on opère ensuite sur son dessin, en appuyant plus ou moins, suivant le ton que l'on veut obtenir.

En passant l'estompe,

sans la garnir de sauce, sur des hachures, ou les fond et les adoucit. L'une des extrémités de l'estompe doit toujours être conservée propre, c'est-à-dire qu'il ne faut pas la passer sur la sauce, soit afin d'adoucir les hachures, ainsi que nous venons de le dire, soit pour fondre les teintes passées avec l'autre extrémité.

L'estompé est très-expéditif, il est vrai, et très avantageux pour établir les croquis ; il présente même un aspect plus séduisant que le crayon seul, pour les juger superficiellement ; mais le véritable connaisseur préfère toujours le simple crayon.

Projections.

Nous avons dit qu'en Dessin Linéaire la représentation des objets a lieu géométriquement, de manière à conserver les rapports de mesure existant entre les diverses parties d'un tout, et cela, sans tenir compte de la réduction apparente de certaines d'entre elles par suite de leur plus ou moins d'éloignement, mais bien de celle qui provient de leur plus ou moins d'obliquité par rapport au rayon visuel.

Nous avons dit aussi que les projections procuraient les moyens de déterminer exactement ces mesures.

Voyons donc ce qu'on entend par projections. (Nous sommes obligés de donner ici des définitions assez ardues; aussi nous efforcerons-nous de les mettre à la portée des commençants, sans avoir toutefois la prétention de vouloir leur faire connaître à fond les projections.

Les Projections sont un ensemble d'opérations au moyen desquelles on détermine sur un plan, les différentes mesures d'un objet, données sur un autre plan, ou qui sont simplement énoncées.

Un Plan est une surface plane sans limites; mais pour le représenter on lui prête celles d'un carré, d'un rectangle ou d'un parallélogramme, suivant sa position par rapport au rayon visuel.

On distingue en projections : le plan d'horizon, le plus vertical de face ou tableau, les plans obliques.

Un plan est horizontal, lorsqu'il est parallèle à l'eau dormante en admettant toutefois que la terre soit plate au lieu d'être ronde. Or, si vous vous trouvez le soir sur le rivage de la mer, votre rayon visuel embrasse non seulement la surface de la mer, mais encore il découvre bien au delà de la ligne d'horizon, qui semble former séparation entre le

— 52 —

ciel et la mer, les étoiles qui se lèvent ou se couchent en traversant cette ligne. La surface de la mer, ainsi que ces étoiles, se trouvent alors dans le plan d'horizon, car la hauteur qui sépare votre œil du niveau de l'eau est insignifiante par rapport à l'immensité.

Pour être logique, on devrait représenter le plan d'horizon par une droite horizontale ; mais cette droite ne figurerait nullement un plan, pour quiconque n'en serait pas prévenu ; on représente

donc le plan d'horizon, ou une surface plane horizontale, soit par un rectangle A, soit par un parallélogramme B, dont deux côtés horizontaux. Tous les plans horizontaux étant parallèles, on ne les distingue pas entre eux, et on les désigne tous par le nom de plan d'horizon.

Un plan est vertical, lorsque tous

les points d'une ligne verticale sont situés dans ce plan. Or la ligne verticale est perpendiculaire à la ligne horizontale, donc tout plan vertical est perpendiculaire au plan d'horizon.

Par une même ligne verticale AB, on peut faire passer un nombre illimité de plans verticaux, tels que:

CDEF, représentant le plan vertical de face ou tableau, auquel le rayon visuel est perpendiculaire; comme il est uniformément éclairé, il doit être teinté par des hachures uniformes et légères.

IGH, oblique au tableau et fuyant à droite; comme il se trouve dans l'ombre, il sera teinté par des hachures verticales, foncées, mais dégradées, les plus fortes en avant.

JKL, oblique au tableau et fuyant à gauche; comme il est en lumière, il sera teinté par des hachures verticales légères et dégradées, les plus foncées en arrière; et celles en avant très fines, presqu' imperceptibles.

Remarquez en passant que
IGH est plus foncé en avant;
JKL est plus foncé en arrière;
et cela, en raison de cette loi
d'optique ou de perspective, pas
bas d'après laquelle toutes les
teintes se confondent à l'horizon
en une même teinte grise.
D'où il résulte que les teintes
d'ombre, foncées en avant,
perdent graduellement de
leur intensité en s'éloignant
pour arriver au gris; tandis
que le blanc pur ou le clair
en avant se fonce graduellement
pour arriver à ce même gris.
Le tableau est uniformément
teinté, parce qu'il est considéré
comme étant partout à la
distance de l'œil.

S'il vous veut repré-
senter un Cube, dont
l'une des faces ABCD
est parallèle au
tableau, et par
conséquent teintée
uniformément et

légèrement, les autres faces ne devraient logiquement être figurées que par des lignes droites, ce qui ferait représenter le cube par un simple carré. Pour donner à la figure une forme plus compréhensible au premier aspect, on représentera : l'une des faces verticales, perpendiculaire au tableau, par un parallélogramme DCGF, dont deux côtés DC, GF, sont verticaux, et les deux autres côtés CG, DF, obliques mais parallèles entre eux ; l'une des faces horizontales (base supérieure) par le parallélogramme ADFE, dont deux côtés AD, EF, sont horizontaux, et les deux autres AE, DF, obliques mais parallèles entre eux. Les trois arêtes fuyantes AE, DF, CG seront parallèles entre elles.

On nomme Perspective géométrique cette méthode de représentation par des parallèles des lignes perpendiculaires au tableau, qui ne devraient être figurées chacune que par un point, puisque l'on est supposé

ne voir que leur extrémité antérieure. Cette perspective est bien
distincte de la Perspective artistique,
dont l'une des lois principales est
que les perpendiculaires au tableau
sont représentées par un faisceau de
lignes obliques qui viennent toutes
aboutir en un même point nommé
Point de fuite ou Point de concours,
et telles qu'elles apparaissent en
réalité à l'œil du spectateur. Nous
expliquerons cette loi dans un
prochain chapitre.

Plan géométral. Dans une
autre acception que celle que nous
venons de lui donner, le nom de
Plan ou de plan géométral est attribué à la représentation d'une surface
ou de ses distributions, que ce soit
celle d'une machine, d'un édifice,
d'une ville, en un mot à la représentation de tout objet supposé vu
d'un point situé verticalement au
dessus. Ainsi l'on dit: le plan de
Paris, le plan de ma maison, le
plan de mon jardin.

Le Plan géométral diffère de la projection horizontale, en ce que dans le plan tous les objets sont supposés rasés au niveau du sol horizontal, de telle sorte qu'il ne représente en réalité qu'une simple surface, tandis que la projection horizontale figure plusieurs surfaces superposées, sorte de représentation qui sert à établir la projection verticale, ainsi que nous le démontrerons bientôt.

Élévation, Coupe. On donne le nom d'élévation à la représentation verticale d'un objet, comme la façade d'un édifice, et le nom de coupe à cette même image dégagée de sa façade de sa partie antérieure, comme si l'édifice était privé de son mur de devant, comme si la machine était coupée en deux par un plan vertical, de telle sorte que le dessin présente les distributions intérieures de la maison, les rouages cachés de la machine, ce que ne montre pas l'élévation.

— 58 —

 Le plan et la coupe d'un édifice concourant à l'établissement, au dessin de son élévation, de sa façade, tout comme une projection horizontale sert à déterminer une projection verticale ou oblique, et réciproquement, aussi emploie-t-on fréquemment les expressions d'élévation ou de projection verticale l'une pour l'autre, mais dans certains cas, il faut s'en garder.

 Un plan reste toujours un plan, quelle que soit la position qu'on lui donne : placez le plan de Paris, la carte de France, sur une table, ou accrochez-les au mur, ils seront toujours le plan d'une ville, le plan d'un pays. Une projection horizontale au contraire devient projection verticale par le changement de position : représentez par exemple une plaque de marbre ; votre dessin sera une projection horizontale si votre marbre est une tablette de cheminée, de commode ; tandis que ce sera une projection verticale si

votre marbre sert de lambris à
un mur de face; et cependant
il n'aura pas changé de forme,
parceque dans l'un comme dans
l'autre cas le rayon visuel est
supposé lui être perpendiculaire.
Mais si vous le supposez vu
obliquement, vu de côté, son
image deviendra une projection
oblique, dans laquelle certaines
lignes perdront une partie de
leur longueur.

Ligne de terre. On nomme
ligne de terre une horizontale
menée entre un plan et son
élévation, entre une projection
horizontale et une projection
verticale; elle sert de base au
tableau.

Quelques exemples feront comprendre mieux que de plus longues
explications l'utilité de la connaissance des projections et la différence
entre la perspective géométrique
et la perspective artistique.

— 60 —

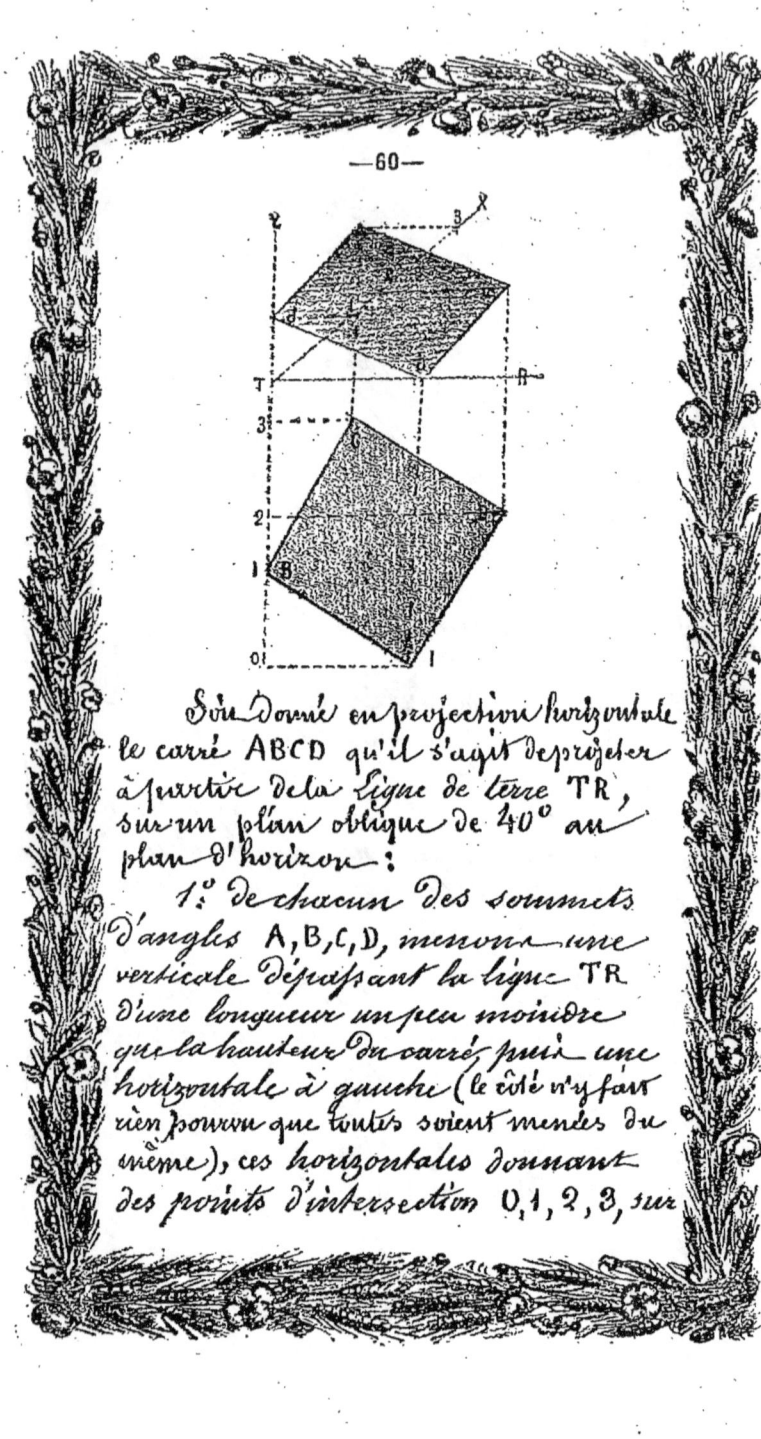

    Soit donné en projection horizontale le carré ABCD qu'il s'agit de projeter à partir de la ligne de terre TR, sur un plan oblique de 40° au plan d'horizon :

    1.º De chacun des sommets d'angles A, B, C, D, menons une verticale dépassant la ligne TR d'une longueur un peu moindre que la hauteur du carré, puis une horizontale à gauche (le côté n'y fait rien pourvu que toutes soient menées du même), ces horizontales donnant des points d'intersection 0, 1, 2, 3, sur la verticale la plus à gauche;

2º à partir du point d'intersection T de la verticale OY avec la ligne de terre TR, menons l'oblique TX, formant angle de 45.º avec TR

3º à partir du même point T, portons sur l'oblique TX les mesures 01, 02, 03 déterminées sur la verticale OX par les intersections des horizontales de la projection horizontale;

4º par les points de division 1, 2, 3, ainsi obtenus sur l'oblique TX, menons des horizontales dont les intersections avec les verticales élevées de chacun des angles de la projection horizontale déterminent les sommets des angles correspondants de la projection oblique.

5º joignons ces points d'intersection a, b, c, d, par des droites qui sont les côtés de la projection oblique demandée

Nota: La fig. abcd, ainsi obtenue, n'est pas un carré, mais un parallélogramme dont les côtés sont parallèles deux à deux; ce qui n'aurait pas lieu en perspective artistique

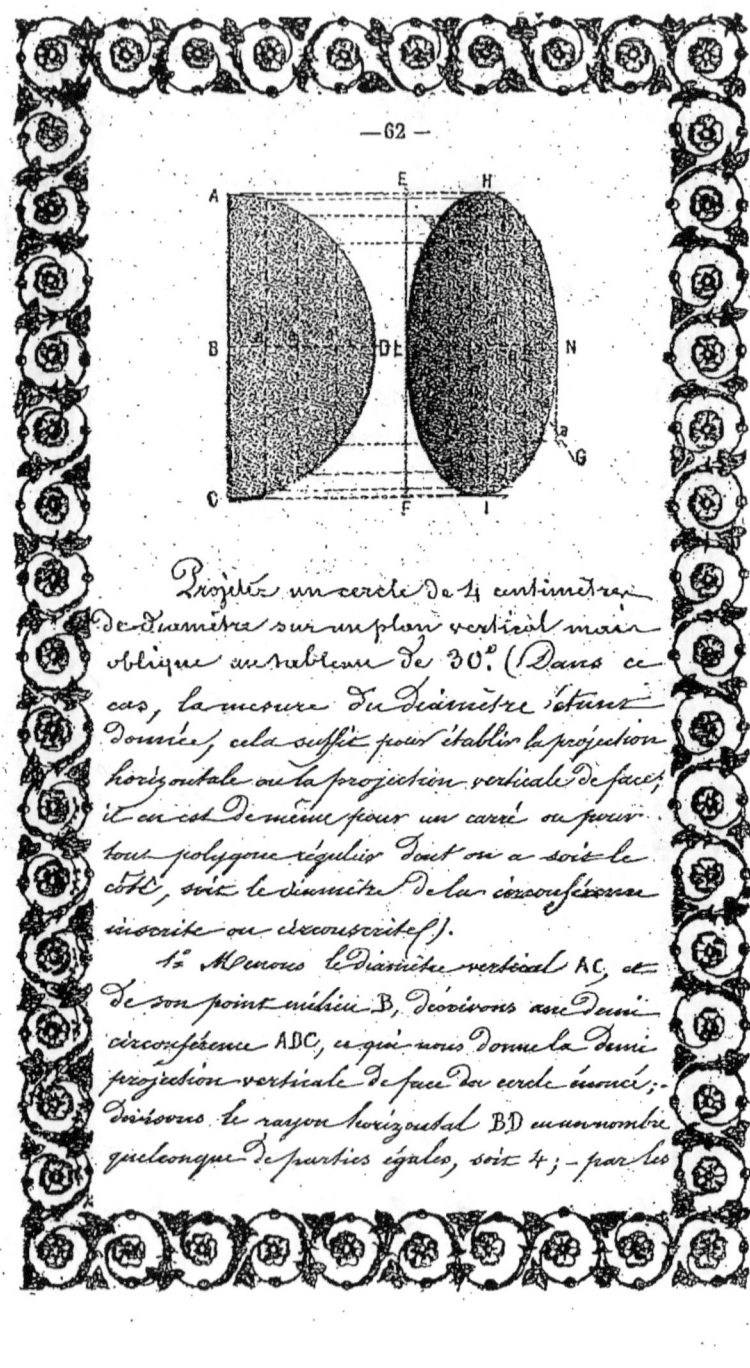

Projetez un cercle de 4 centimètres de diamètre sur un plan vertical mais oblique au tableau de 30°. (Dans ce cas, la mesure du diamètre étant donnée, cela suffit pour établir la projection horizontale ou la projection verticale de face; il en est de même pour un carré ou pour tout polygone régulier dont on a soit le côté, soit le diamètre de la circonférence inscrite ou circonscrite.)

1.° Menons le diamètre vertical AC, et de son point milieu B, décrivons une demi circonférence ABC, ce qui nous donne la demi projection verticale de face du cercle énoncé; divisons le rayon horizontal BD en un nombre quelconque de parties égales, soit 4; — par les points de division à mener des verticales; par les intersections de ces verticales avec la demi circonférence ADC, menons des horizontales à droite (le côté n'y fait rien).

2°. Traçons la verticale EF; — du point de rencontre de cette verticale avec l'horizontale supérieure AH, (ou avec l'horizontale inférieure CG) menons la droite EG oblique de 30° à la verticale EF; — portons sur cette oblique, à partir de son extrémité E, des divisions à égales à celles du rayon BD, mais en nombre double, pour avoir la longueur du diamètre au lieu de celle du rayon; — par ces divisions de EG menons des verticales dont les intersections avec les horizontales menées par les divisions de la demi circonférence ADC déterminent un certain nombre de points de la circonférence vue obliquement.

Or toute circonférence vue obliquement prend la forme d'une ellipse dont le grand axe HI, parallèle au diamètre de la circonférence est égal à ce diamètre, mais dont le petit axe LN est plus petit, et d'autant plus petit que l'angle de projection FEG est lui-même plus petit.

(Cette projection de la circonférence est l'un des moyens à employer pour déterminer une ellipse).

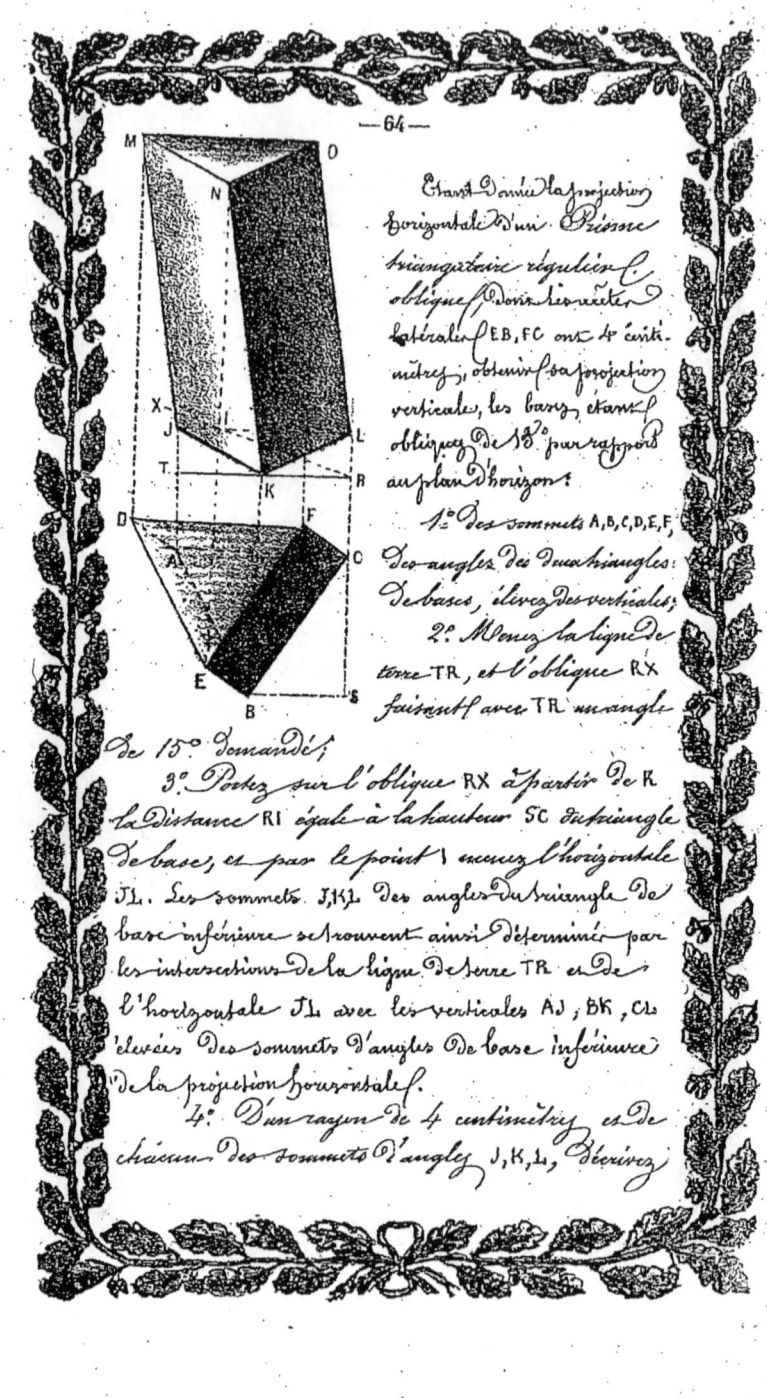

Etant donné la projection horizontale d'un Prisme triangulaire régulier, oblique, dont les arêtes latérales EB, FC ont 4 centimètres; obtenir sa projection verticale, les bases étant obliques de 15° par rapport au plan d'horizon :

1º Des sommets A, B, C, D, E, F, des angles des deux triangles de bases, élevez des verticales;

2º Menez la ligne de terre TR, et l'oblique RX faisant avec TR un angle de 15° demandé;

3º Portez sur l'oblique RX à partir de R la distance RI égale à la hauteur SC du triangle de base, et par le point I menez l'horizontale JL. Les sommets J, K, L des angles du triangle de base inférieure se trouvent ainsi déterminés par les intersections de la ligne de terre TR et de l'horizontale JL avec les verticales AJ, BK, CL élevées des sommets d'angles de base inférieure de la projection horizontale.

4º D'un rayon de 4 centimètres et de chacun des sommets d'angles J, K, L, décrivez des arcs : De J en M ; De K en N ; De L en O. Les intersections de ces arcs avec les verticales élevées des angles D, E, F de la base supérieure en projection horizontale, détermineront les mêmes angles en projection verticale M, N, O.

5° Joignez les angles de la base supérieure avec les angles correspondants de la base inférieure, par les droites MJ, NK, OL, et vous avez la projection verticale demandée.

Ces trois exemples suffisent, croyons-nous pour démontrer les relations existant entre la projection horizontale et la projection verticale d'un même corps, comme aussi l'utilité de l'une pour obtenir l'autre ; passons maintenant à l'emploi des projections pour la détermination des ombres.

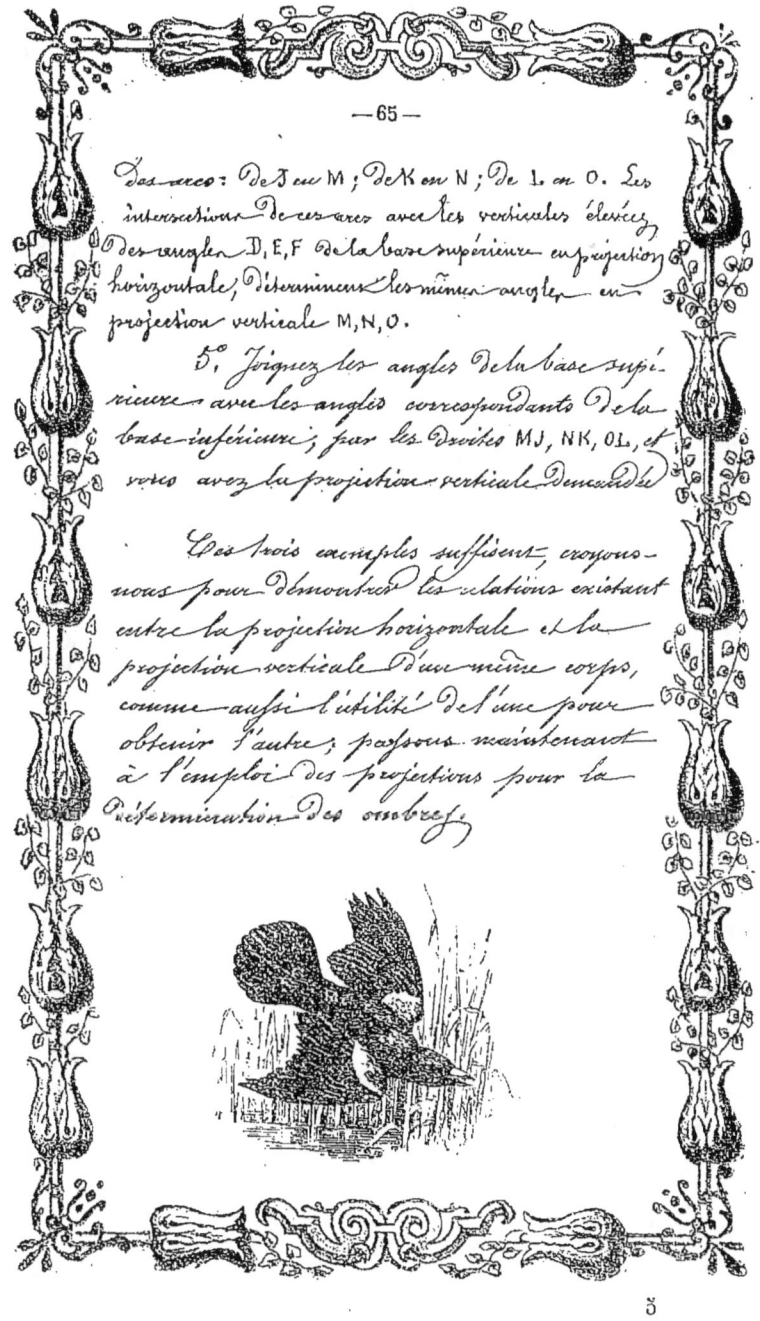

Ombres.

Les projections, avons-nous dit précédemment, servent, outre bien autres usages, à déterminer la direction, la limite et l'intensité des ombres. Or, si nous n'avons pas l'intention de développer ici la théorie des ombres, nous voulons au moins en faire connaître les premières notions qui viendront à l'appui de ce que nous avons avancé.

Il y a deux sortes d'ombres: l'ombre propre et l'ombre portée.

L'ombre propre est celle qui existe sur un corps, dans la partie de sa surface qui n'est pas tournée du côté d'où vient la lumière, ou qui reçoit celle-ci plus ou moins obliquement. Cette ombre est donc occasionnée par le corps lui-même; elle provient de lui; elle lui est propre.

L'ombre portée est celle qui se projette sur une partie de la surface d'un corps tournée vers la lumière, par suite de l'interposition d'un autre corps entre elle et le foyer lumineux. Cette ombre traverse donc l'espace; elle est portée par l'air, du corps qui l'occasionne à celui qui la reçoit.

Le plus important des foyers de lumière est le Soleil; certains autres, notamment ceux de lumière électrique, procurent cependant des effets d'ombres bien tranchés, et que l'on utilise dans les arts, notamment en photographie; mais contentons-nous de ceux qui nous viennent du Soleil, et voyons comment ils se produisent.

Ce que nous allons dire se rapporte plus particulièrement au dessin géométrique, où tout est mathématiquement calculé pour être aussi utile que possible. Le dessin artistique, lui, doit saisir et représenter tous les effets d'ombre et de lumière; pourtant, à notre avis, il est bon de lui appliquer pour les commençants les mêmes théories qu'au dessin géométrique. Le dessinateur expert n'en saura que mieux calculer les angles d'incidence de lumière et leurs résultats variés.

Le matin, au lever du Soleil, ou le soir, à son coucher, sa lumière est diffuse, ses rayons ayant peu de force, parce qu'ils sont horizontaux. Si vous regardez l'astre à cet instant du jour, il vous frappe en plein visage, tandis que derrière vous, votre ombre portée s'allonge pour ainsi dire sans fin; la limite entre les clairs et les ombres est indécise; ce ne sont pas là les heures qu'il faut choisir pour éclairer un dessin géométrique. Choisissons alors, et tout naturellement l'heure intermédiaire, midi.

En Automne et en Hiver, même à midi, le Soleil ne monte pas très haut au dessus de notre horizon (entre 17 et 30°), et les ombres sont trop longues dans un sens, trop courtes dans l'autre.

Dans le dernier mois du Printemps et le premier mois d'Été, le Soleil atteignant de 55 à 65°; les ombres portées sont encore trop longues ou trop courtes.

Mais à cette même heure de Midi, pendant les deux premiers mois du Printemps, et les deux derniers mois d'Été, la hauteur du Soleil étant en moyenne de 45°, les ombres portées ont alors une longueur exactement la même que la hauteur des corps verticaux qui les produisent.

Or, cette même direction du rayon solaire formant angle de 45° avec le plan d'horizon est celle que l'on a adoptée pour déterminer les ombres propres aussi bien que les ombres portées des corps représentés en Dessin linéaire. Nous aurions pu vous dire de suite que l'on a adopté la lumière produisant l'ombre à 45°; mais cet énoncé aurait demandé de longues explications pour être compris des commençants

— 70 —

qui n'auraient pu se rendre compte
de la différence des effets produits entre
les diverses directions de la lumière;
il le peut facilement maintenant
en regardant les ombres portées
soit aux époques et aux heures
que nous venons d'indiquer, soit
n'importe à quel autre moment.

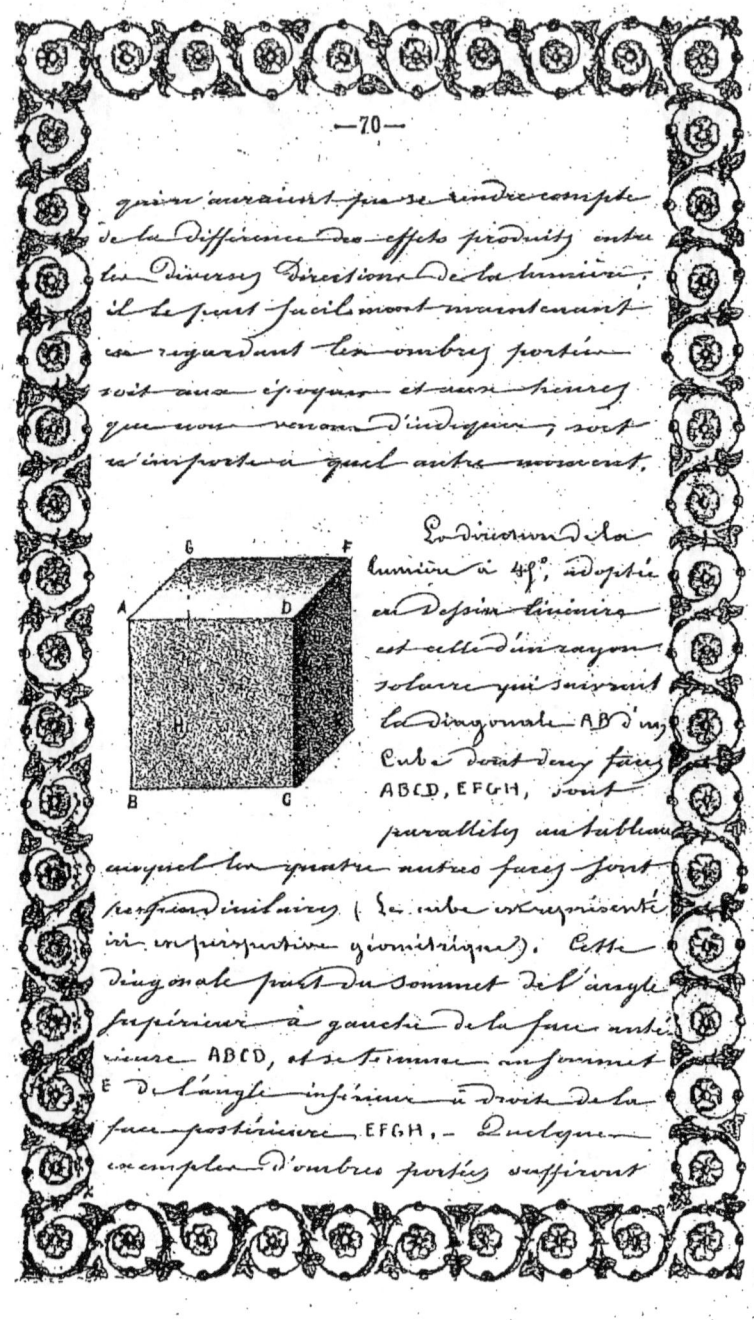

La direction de la
lumière à 45°, adoptée
en dessin linéaire
est celle d'un rayon
solaire qui suivrait
la diagonale AB d'un
Cube dont deux faces
ABCD, EFGH, sont
parallèles au tableau
auquel les quatre autres faces sont
perpendiculaires (Le cube est représenté
ici en perspective géométrique). Cette
diagonale part du sommet de l'angle
supérieur à gauche de la face antérieure ABCD, et se termine au sommet
de l'angle inférieur à droite de la
face postérieure EFGH. — Quelques
exemples d'ombres portées suffiront

pour démontrer les plus grands
avantages de ce choix.

Et d'abord, le cube que nous
avons voulu vous représenter est-il
un cube ou un parallélipipède ? Un
parallélipipède est un solide dont la surface
est composée de six parallélogrammes
égaux seulement deux à deux ; il diffère
du cube en ce que celui-ci a pour surface
six parallélogrammes égaux, ou parallélogrammes qui sont des carrés. Un dé à
jouer est un cube ; une poutre, une planche
sont des parallélipipèdes). Rien ne
vient donc vous fixer à cet égard dans
la figure précédente, car si la face
antérieure ABCD est bien un carré, les
faces latérales ABHG, CDFE peuvent
être aussi bien des parallélogrammes
que des carrés vus en raccourci.
Il faut donc que vous soyez prévenus
pour savoir lequel de ces deux solides
est représenté. Mais si nous vous
le présentons avec son ombre portée
d'après la convention qui fait venir
la lumière à 45°, le doute alors
n'est plus permis. Voyons donc
comment cette ombre se projette.

— 72 —

Le rayon adopté est la diagonale AE; or, tous les rayons solaires étant parallèles, si le solide représenté est un cube posé sur le plan d'horizon et l'une de ses faces adossée au tableau qui a pour base la ligne de terre TR;

1°. L'ombre portée par le sommet d'angle D suivra la direction DI parallèle à AE diagonale du cube;

2°. L'ombre portée par l'arête DF suivra la direction de la ligne FI projetée sur le tableau; cette droite FI est parallèle à GE diagonale du carré EFGH adossé au tableau;

3°. L'ombre portée sur le plan d'horizon par l'arête DC suivra la direction de la ligne CI, parallèle à BE diagonale du carré de base BCEH;

4°. La partie FI de la ligne de terre

interceptée entre les points E,I, sera égale au côté du cube.

Si le cube n'était pas mis en perspective géométrique, il serait figuré sur le tableau par un simple carré EFGH, et le plan d'horizon serait représenté par la ligne de terre; ainsi son ombre portée serait toujours figurée sur le tableau par le triangle isocèle FEI, et suffirait pour faire connaître au moins que ce n'est pas un simple carré.

Si les contours du T figuré ici étaient seuls indiqués, rien ne vous dirait qu'il ne représente pas tout simplement une surface plane; tandis qu'avec l'indication des ombres portées vous voyez de suite qu'il fait saillie et de plus que celle du jambage vertical A est plus grande que celle de la traverse horizontale BC; la largeur et la hauteur de l'ombre portée étant toujours exactement égale à la profondeur de la saillie.

Enfin l'ombre portée sert encore à établir la distinction entre une projection verticale et une projection horizontale.

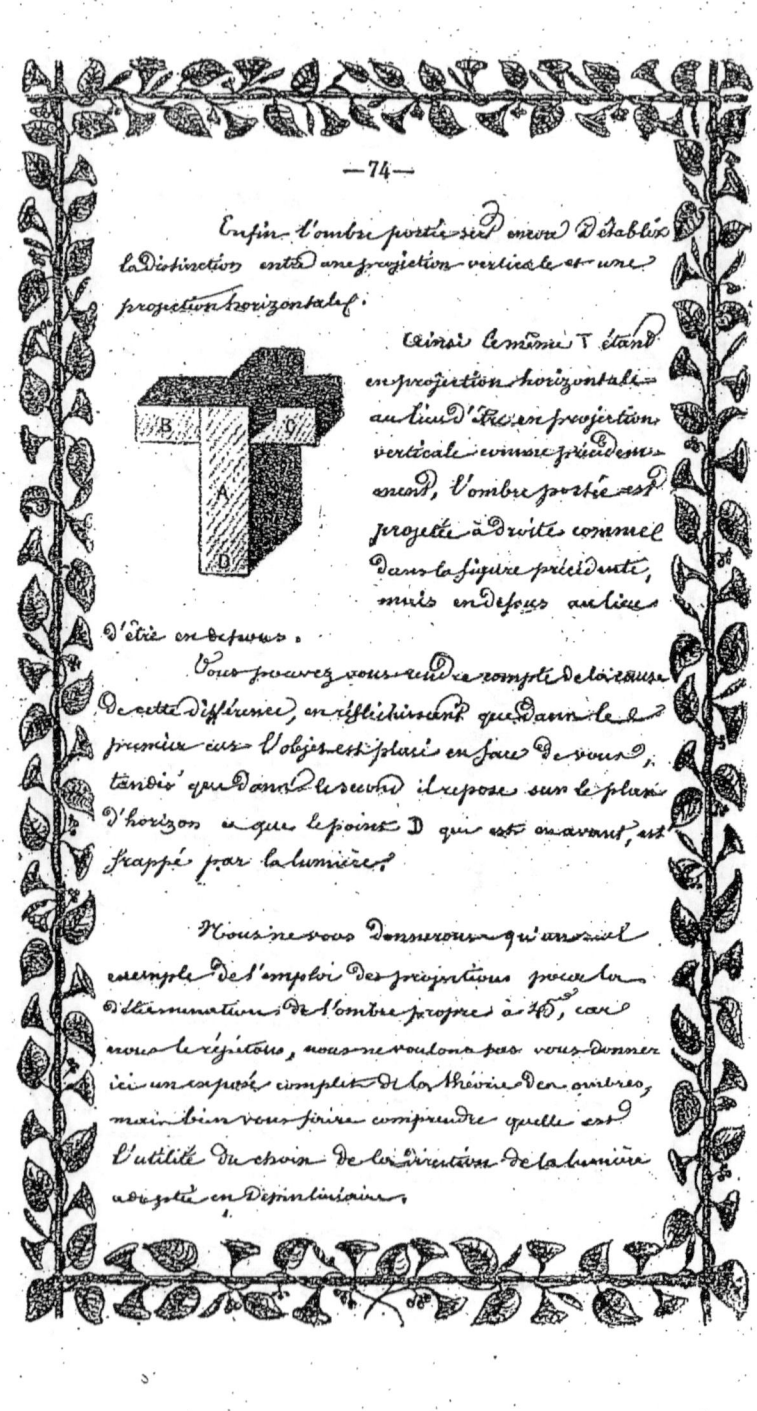

Ainsi le même T étant en projection horizontale au lieu d'être en projection verticale comme précédemment, l'ombre portée est projetée à droite comme dans la figure précédente, mais en dessous au lieu d'être en dessus.

Vous pouvez vous rendre compte de la cause de cette différence, en réfléchissant que dans le premier cas l'objet est placé en face de vous, tandis que dans le second il repose sur le plan d'horizon et que le point D qui est en avant, est frappé par la lumière.

Nous ne vous donnerons qu'un seul exemple de l'emploi des projections pour la détermination de l'ombre propre à 45, car nous le répétons, nous ne voulons pas vous donner ici un exposé complet de la théorie des ombres, mais bien vous faire comprendre quelle est l'utilité du choix de la direction de la lumière adoptée en dessin linéaire.

—75—

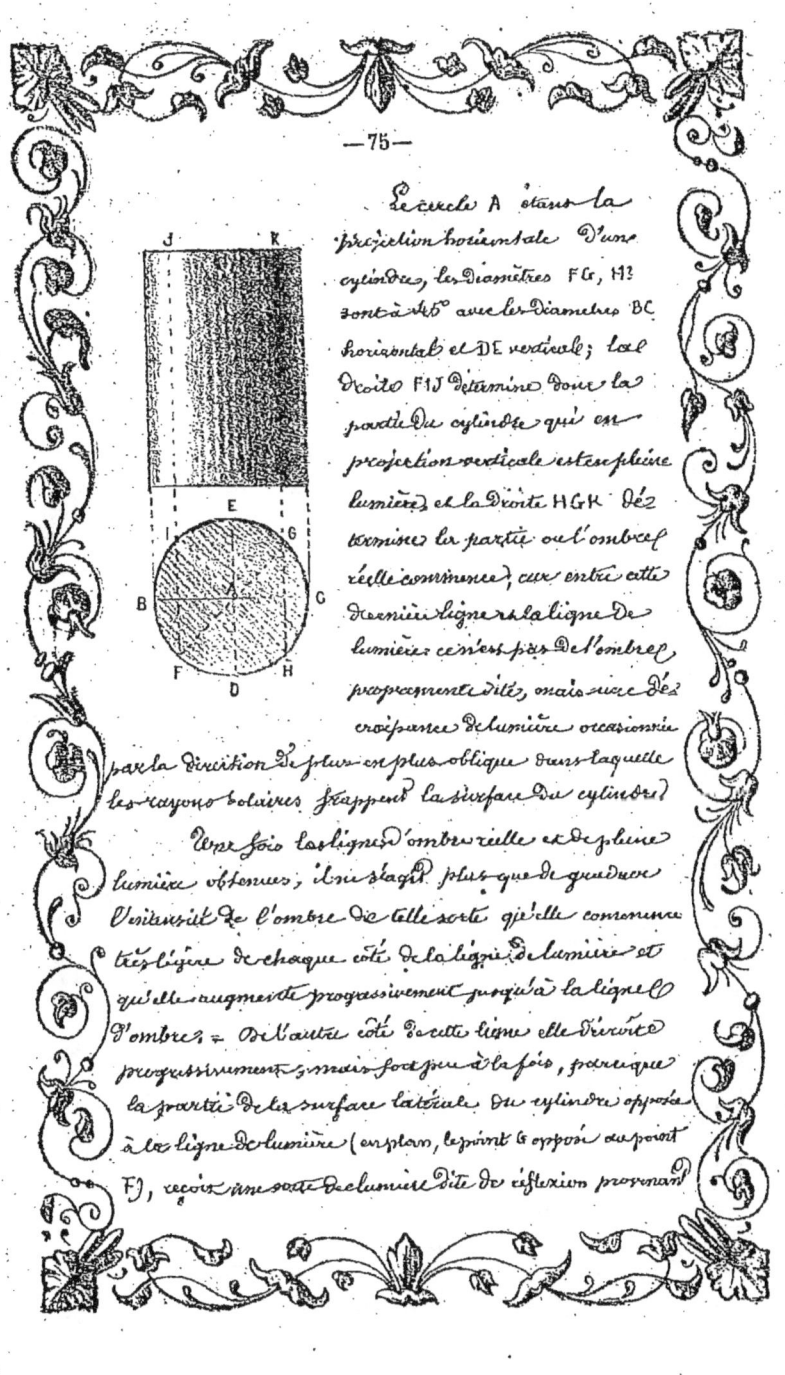

Le cercle A étant la projection horizontale d'un cylindre, les Diamètres FG, HJ sont à 45° avec les Diamètres BC horizontal et DE vertical; la Droite FIJ détermine donc la partie du cylindre qui en projection verticale est en pleine lumière, et la Droite HGK détermine la partie où l'ombre réelle commence, car entre cette dernière ligne et la ligne de lumière ce n'est pas de l'ombre proprement dite, mais une décroissance de lumière occasionnée par la direction de plus en plus oblique dans laquelle les rayons solaires frappent la surface du cylindre.

Une fois les lignes d'ombre réelle et de pleine lumière obtenues, il ne s'agit plus que de graduer l'intensité de l'ombre de telle sorte qu'elle commence très légère de chaque côté de la ligne de lumière et qu'elle augmente progressivement jusqu'à la ligne d'ombre. De l'autre côté de cette ligne elle décroît progressivement, mais fort peu à la fois, parce que la partie de la surface latérale du cylindre opposée à la ligne de lumière (en plan, le point 6 opposé au point FJ), reçoit une sorte de lumière dite de réflexion provenant des corps placés derrière ce qui sont en pleine lumière; ou encore, parce que plus l'ombre-œil est approchée de la lumière, plus elle nous apparaît intense.

L'ombre portée est toujours plus foncée que l'ombre propre, surtout en partant du corps qui la produit, car elle décroît d'intensité en s'éloignant principalement sur le bord où elle devient ce que l'on appelle une pénombre.

Vous pouvez remarquer que la circonférence représentant le cylindre en projection horizontale est plus foncée dans sa partie IFH, c'est ce que l'on nomme un trait de force qui indique la partie de la surface du corps située dans l'ombre. Vous pouvez vous rendre compte de sa position en vous reportant à ce que nous vous avons dit relativement à l'ombre portée du T en projection horizontale. Les traits de force ont une grande utilité lorsque les figures ne sont pas ombrées; ainsi:
1°. Si la circonférence représentait le contour d'un cercle en projection verticale, le trait de force occuperait la demi-circonférence FHG.
2°. Si cette même circonférence représentait le contour de l'intérieur d'un puits en projection horizontale, le trait de force occuperait la partie IFH.
Il peut donc occuper trois positions différentes.

Perspective.

La Perspective artistique est l'art de représenter tous les objets tels qu'ils apparaissent à la vue. (On dit tout simplement la Perspective, car le nom de Perspective géométrique est de pure invention tout comme les règles qu'elle désigne.) Cet art est soumis à des règles assez nombreuses et qui sont trop compliquées pour figurer dans ces lectures; aussi nous bornerons-nous à vous faire connaître la principale. Mais parlons d'abord des causes de cette règle, de ce que vous verriez et comment vous le verriez, si vous étiez placés au sommet d'une montagne, d'où vous découvririez de tous côtés la campagne à perte de vue.

Promenez votre regard autour de vous. Ce qui vous frappe d'abord, c'est que vous êtes entouré par la circonférence d'horizon, dont tous les points semblent être à la hauteur de votre œil, et forment pour ainsi dire la limite entre le Ciel et la Terre.

Vous remarquerez ensuite que plus les objets sont éloignés, plus ils paraissent petits. Si, par

exemple, de grands arbres, tous de la même
hauteur, bordant une large route allant d'où vous
êtes jusqu'à l'horizon, vous voyez les plus rap-
prochés de vous dans leur véritable grandeur et à

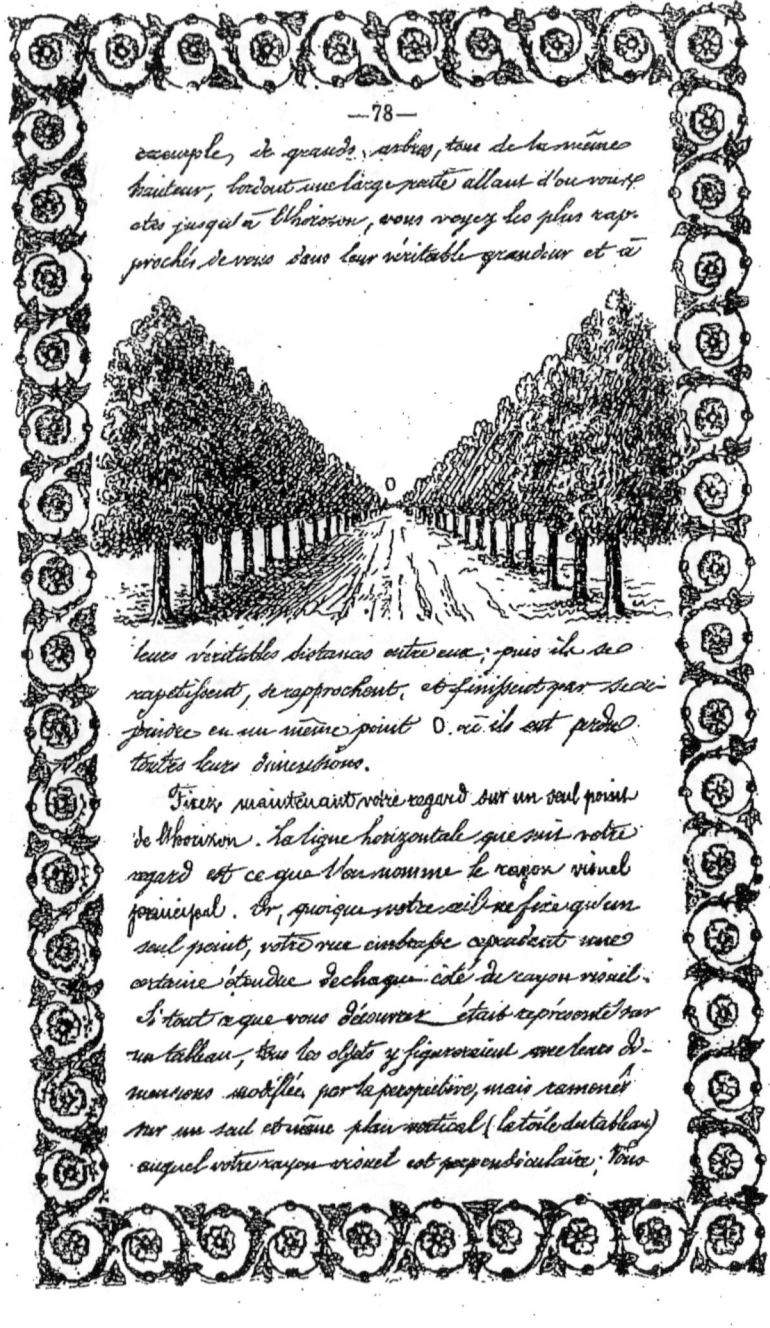

leurs véritables distances entre eux ; puis ils se
rapetissent, se rapprochent, et finissent par se confondre en un même point O où ils ont perdu
toutes leurs dimensions.

Fixez maintenant votre regard sur un seul point
de l'horizon. La ligne horizontale que suit votre
regard est ce que l'on nomme le rayon visuel
principal. Or, quoique votre œil ne fixe qu'un
seul point, votre vue embrasse cependant une
certaine étendue de chaque côté du rayon visuel.
Si tout ce que vous découvrez était représenté sur
un tableau, tous les objets y figureraient avec leurs dimensions modifiées par la perspective, mais ramenés
sur un seul et même plan vertical (la toile du tableau)
auquel votre rayon visuel est perpendiculaire. Vous

comprenez maintenant pourquoi l'on donne le nom de tableau à un plan vertical de face.

C'est d'après ce que nous venons de vous dire que l'on a établi la règle fondamentale de la perspective qui dit que :

Toutes les lignes horizontales parallèles au rayon visuel, toutes les surfaces planes horizontales ou verticales perpendiculaires au tableau, prolongées au besoin, se terminent en un même point de la ligne d'horizon appelé point de concours principal.

Ce nom de point de concours principal énonce parfaitement le rôle que ce point joue en perspective, car les lignes, les surfaces n'étant pas prolongées tendent, malgré cela, concourir vers lui ; aussi nous dispenserons-nous, même de mentionner seulement les autres noms qu'on lui attribue et qui ne peuvent vous qu'à porter la confusion dans votre mémoire. On lui ajoute le surnom de Principal, parce que tout ensemble de droites parallèles entre elles, mais non au rayon visuel a un autre point de concours qui lui est propre. La photographie qui elle, suit strictement les lois de la perspective vous donne des exemples frappants de ce dernier cas ; pour vous en citer qu'un, si, de la place du Parvis on photographie Notre-Dame, les sommets des tours se rapprochent sur l'image d'une manière sensible ce qui n'aurait pas lieu si l'on opérait d'une grande distance.

— 80 —

Un seul exemple suffira également pour vous faire bien comprendre la règle fondamentale qui, au premier abord peut vous paraître diffuse.

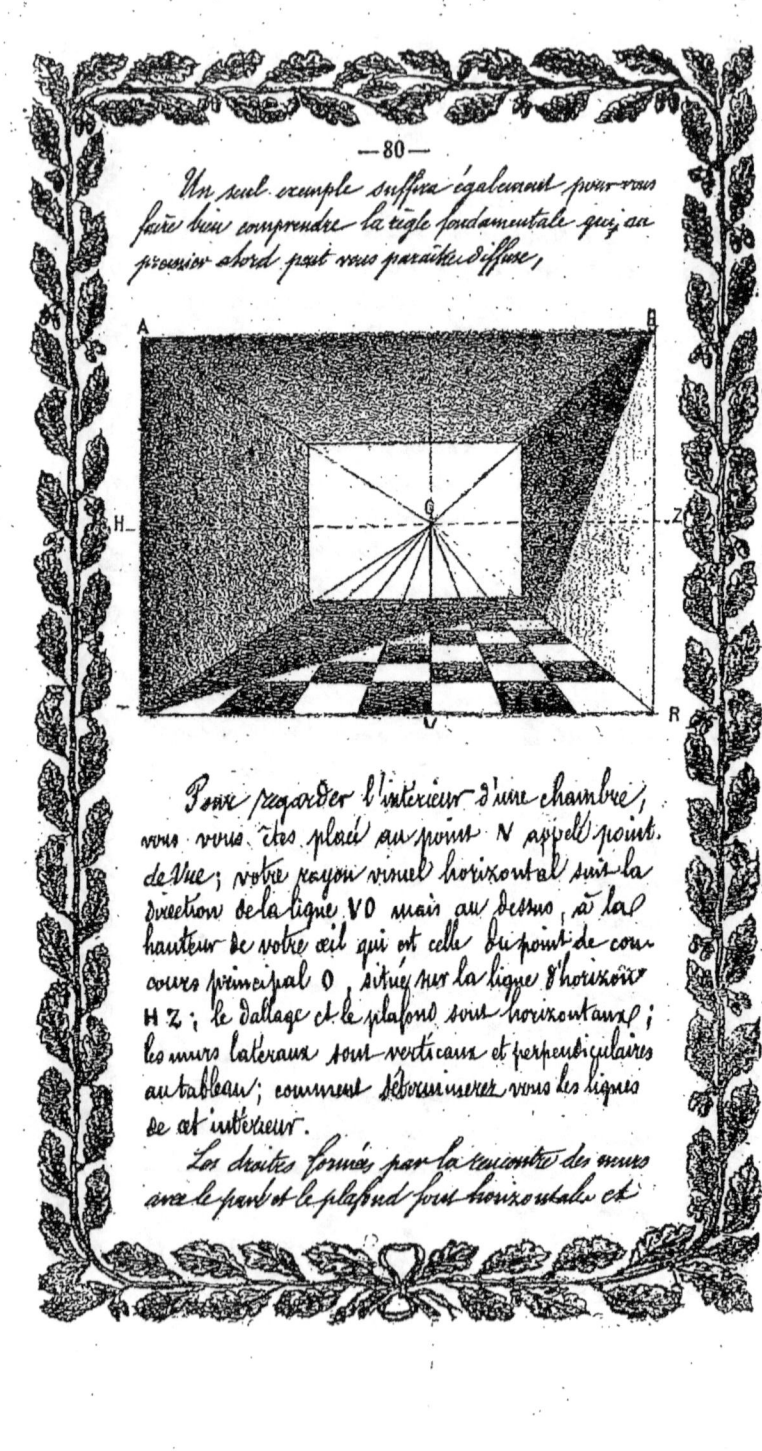

Pour regarder l'intérieur d'une chambre, vous vous êtes placé au point N appelé point de vue ; votre rayon visuel horizontal suit la direction de la ligne NO mais au dessus, à la hauteur de votre œil qui est celle du point de concours principal O, situé sur la ligne d'horizon HZ ; le dallage et le plafond sont horizontaux ; les murs latéraux sont verticaux et perpendiculaires au tableau ; comment déterminerez vous les lignes de cet intérieur.

Les droites formées par la rencontre des murs avec le pan et le plafond sont horizontales et parallèles au rayon visuel; elles doivent donc concourir vers le point O et suivre les directions AO, BO, RO, TO. Il en est de même pour celles des droites de séparation des dalles qui sont parallèles à NO. Quant à celles qui sont parallèles à la ligne de terre TR, il est une autre règle qui servirait à déterminer leur écartement, mais à laquelle nous n'aurons pas besoin d'avoir recours pour ce cas fort simple, eu égard à l'ombre portée que nous allons déterminer d'abord.

Vous savez maintenant que l'ombre portée est déterminée par des droites obliques à 45°; autrement dit, par des droites divisant des angles droits en deux parties égales. Or, pour avoir l'ombre portée du mur de gauche sur les dalles, remarquons d'abord que l'angle formé par la ligne de terre TR base du tableau, et par la ligne de base du mur, perpendiculaire au tableau est un angle droit; la perspective modifie cet angle en lui donnant la forme de l'angle OTR qui n'en représente pas moins un angle droit; divisons donc cet angle OTR en deux parties égales par une droite qui représentera l'oblique à 45° et déterminera la limite antérieure de l'ombre portée.

Une oblique à 45° divisant en deux parties égales l'un des angles d'un carré suit la direction de la diagonale de ce carré; la droite à 45°, en perspective, que nous venons de mener pour déterminer l'ombre portée du mur sur le dallage; soit donc en même temps la diagonale du premier carré tangent au mur, et par suite les diagonales des carrés suivants qu'elle traverse. Les intersections de cette ligne à 45° avec les parallèles qui en perspective vont aboutir au point O déterminons donc les points de division de ces lignes par lesquels doivent passer les parallèles à TR.

Pour déterminer l'ombre portée du plafond sur le mur de droite, divisons de même l'angle OBR en deux parties égales; à son point d'intersection avec la ligne de base du mur RO, menons une horizontale à gauche qui en rencontrant la ligne d'ombre portée sur le dallage, achève de déterminer l'ensemble des ombres portées.

Par ce simple exemple, vous voyez quelles défigurations la perspective artistique fait subir aux contours des surfaces. Ici, les surfaces des deux murs, du sol, du plafond, qui en réalité sont des parallélogrammes rectangles sont transformées par la perspective en trapèzes. Vous ne serez étonnés donc plus quand vous verrez le dessus d'une table rectangulaire en réalité, représenté par un quadrilatère qui ne l'est pas du tout : Bien mieux, si, sans que vous soyez prévenu, l'on vous présente le dessin d'un damier en perspective géométrique, vous croyez au premier abord que les lignes du fond sont plus longues que celles Da devant quoiqu'étant exactement égales, tant l'œil est habitué aux déformations produites par la perspective.

Ornement.

Le Dessin artistique se subdivise en plusieurs genres qui demandent chacun des études spéciales ; l'Ornement, les plantes, les animaux, le paysage, la nature humaine ne se dessinent pas de la même manière. Mais quelque soit le genre que l'on veuille cultiver, il est indispensable de posséder au moins les connaissances élémentaires de chacun des autres, car ils ne sont pas exclusifs et le paysagiste doit pouvoir animer ses paysages par la figuration d'animaux, d'êtres humains, tout comme l'ornemaniste doit savoir mêler aux feuillages, aux lignes contournées des mascarons des têtes d'animaux plus ou moins fantastiques.

Nous ne vous donnerons ici quelques notions que sur le dessin d'ornement qui trouve sans contredit les plus nombreuses applications, car tout est de son domaine : depuis les plus somptueux monuments jusqu'aux plus humbles demeures, depuis les accessoires des fêtes et des plaisirs jusqu'aux engins de destruction. Si l'ornementation n'est pas

indispensable, elle est au moins
utile en ce qu'elle rend agréa-
bles à la vue tous les objets
dont elle modifie les formes en remplaçant la raideur des lignes droites par de gracieux contours, en
décorant les surfaces plates ou nues
d'ornements et d'attributs.

Les principales qualités de l'ornemaniste sont : le Discernement et
le bon goût : le Discernement qui
guide dans le choix des ornements, dans leur appropriation
aux objets qu'ils doivent em-
bellir, dans l'harmonie des ensembles ; le Bon goût qui préside à la
pureté et à l'élégance des lignes
à la symétrie ou aux contrastes,
d'entre les différentes parties, à la
distribution plus ou moins abondante
des accessoires.

Les feuillages et par dessus tout
les feuilles d'acanthe, les fleurs, les fruits,
les moulures sont les principaux éléments
de l'ornementation, dont nous allons
vous donner quelques exemples et
quelques définitions.

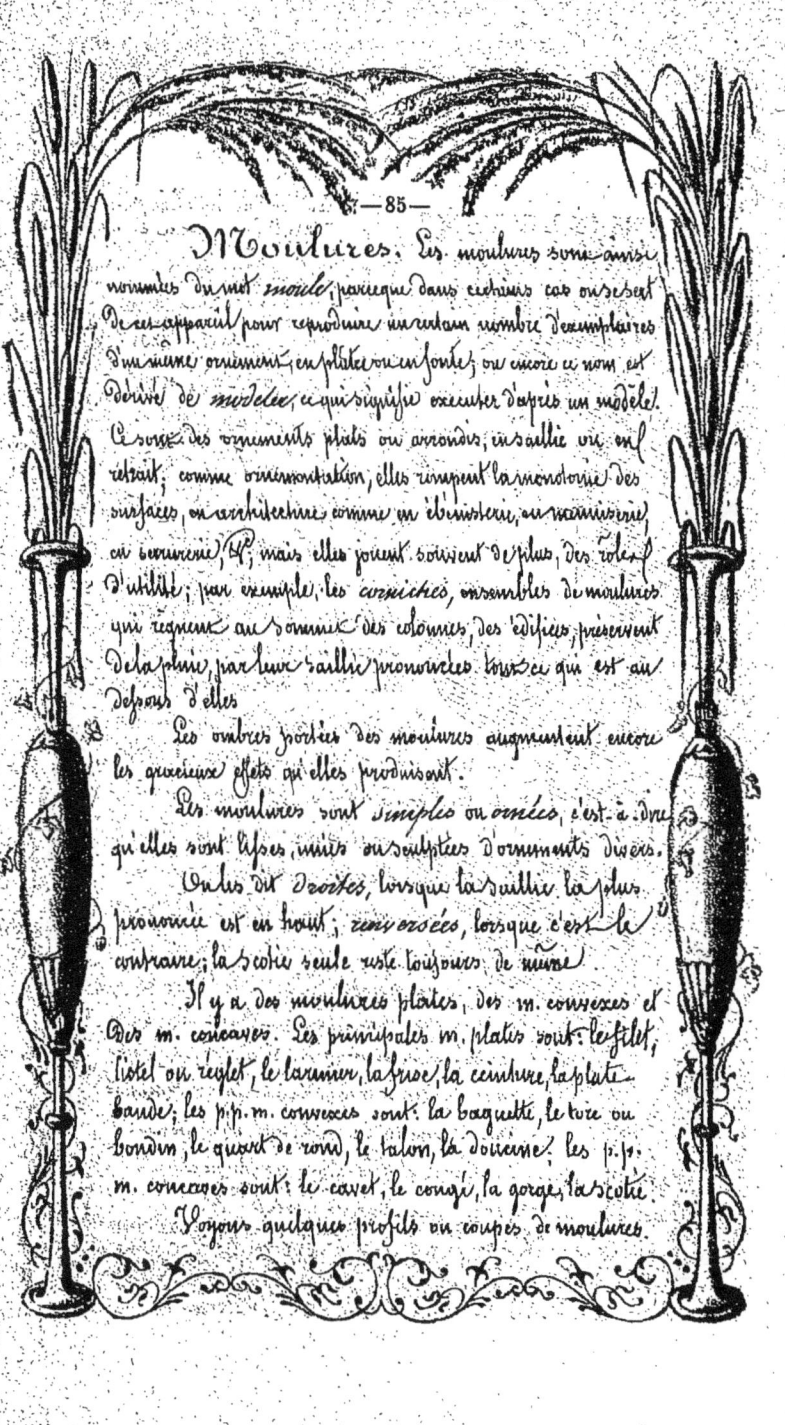

Moulures. Les moulures sont ainsi nommées du mot *moule*, parce que dans certains cas on se sert de cet appareil pour reproduire un certain nombre d'exemplaires d'un même ornement, en plâtre ou en fonte; ou encore ce nom est dérivé de *modeler*, ce qui signifie exécuter d'après un modèle. Ce sont des ornements plats ou arrondis, en saillie vis ou en retrait; comme ornementation, elles rompent la monotonie des surfaces, en architecture comme en ébénisterie, en marbrerie, en serrurerie &c. mais elles jouent souvent de plus, des rôles d'utilité; par exemple, les *corniches*, ensembles de moulures qui règnent au sommet des colonnes, des édifices préservent de la pluie, par leur saillie prononcée tout ce qui est au dessous d'elles.

Les ombres portées des moulures augmentent encore les gracieux effets qu'elles produisent.

Les moulures sont *simples* ou *ornées*, c'est à dire qu'elles sont lisses, unies ou sculptées d'ornements divers.

On les dit *droites*, lorsque la saillie la plus prononcée est en haut; *renversées*, lorsque c'est le contraire; la scotie seule reste toujours de même.

Il y a des moulures plates, des m. convexes et des m. concaves. Les principales m. plates sont: le filet, l'istel ou reglet, le larmier, la frise, la ceinture, la plate bande; les p.p. m. convexes sont: la baguette, le tore ou boudin, le quart de rond, le talon, la doucine; les p.p. m. concaves sont: le cavet, le congé, la gorge, la scotie.

Voyons quelques profils ou coupes de moulures.

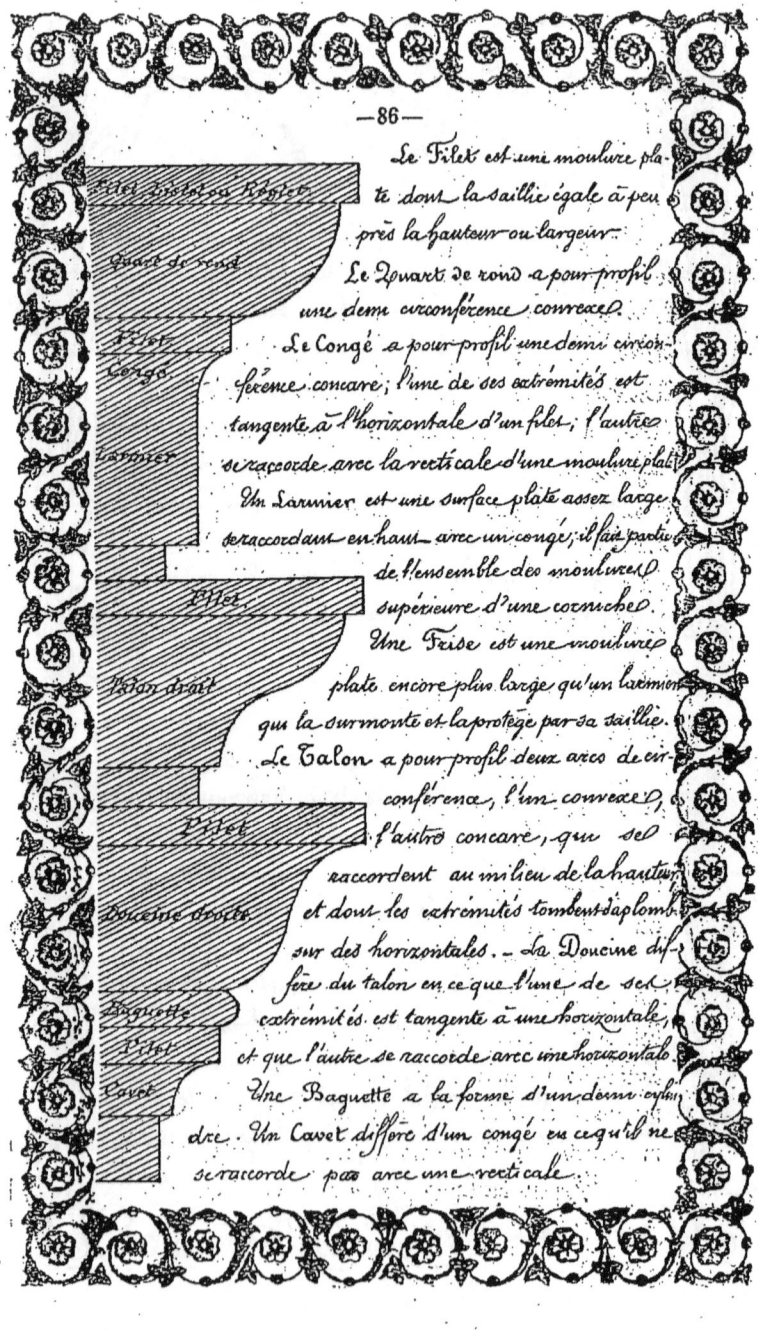

Le Filet est une moulure plate dont la saillie égale à peu près la hauteur ou largeur.

Le Quart de rond a pour profil une demi circonférence convexe.

Le Congé a pour profil une demi circonférence concave; l'une de ses extrémités est tangente à l'horizontale d'un filet, l'autre se raccorde avec la verticale d'une moulure plate.

Un Larmier est une surface plate assez large se raccordant en haut avec un congé; il fait partie de l'ensemble des moulures supérieures d'une corniche.

Une Frise est une moulure plate, encore plus large qu'un larmier qui la surmonte et la protège par sa saillie.

Le Talon a pour profil deux arcs de circonférence, l'un convexe, l'autre concave, qui se raccordent au milieu de la hauteur et dont les extrémités tombent d'aplomb sur des horizontales. — La Doucine diffère du talon en ce que l'une de ses extrémités est tangente à une horizontale, et que l'autre se raccorde avec une horizontale.

Une Baguette a la forme d'un demi cylindre. Un Cavet diffère d'un congé en ce qu'il ne se raccorde pas avec une verticale.

En Architecture, les talons et les doucines ont fréquemment la saillie égale à la hauteur; en menuiserie comme en ébénisterie, la saillie est presque toujours très-réduite.

Une Gorge est un demi-cylindre creusé entre deux filets.

La Scotie est une moulure concave composée de deux quarts de circonférence raccordés mais dont les rayons AB, CD sont d'inégale grandeur, de telle sorte que l'extrémité de l'un est plus saillante que l'extrémité de l'autre.

La Ceinture est un filet, et le Tore une grosse baguette circulaire qui se trouvent à la base d'une colonne. Le Dé est un bloc quasi-cubique sur lequel repose une colonne dont il forme la majeure partie du piédestal. La Plate-bande est une surface plane plus large qu'un filet, et moins saillante.

La Plinthe est une surface plane supportant le dé d'un piédestal, ou régnant au bas d'un mur, d'un lambris.

—88—

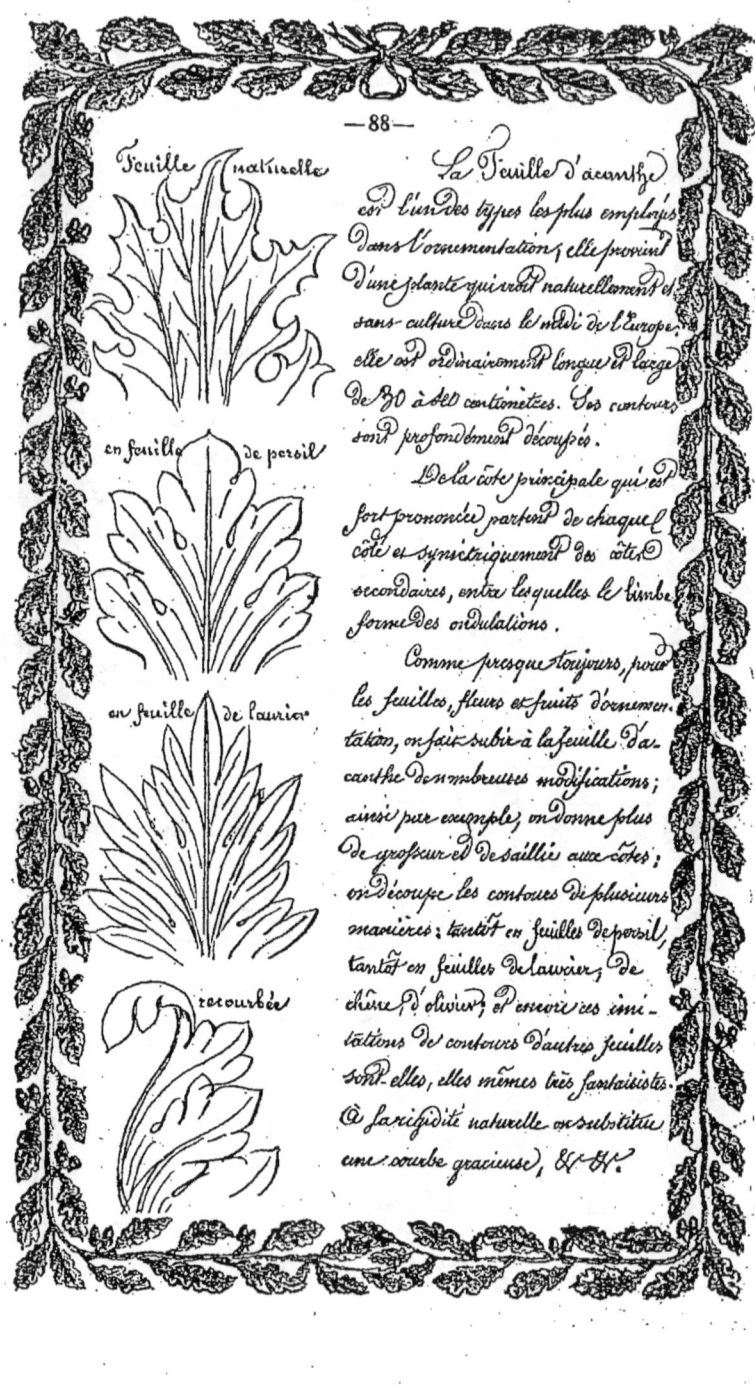

Feuille naturelle

en feuille de persil

en feuille de laurier

recourbée

La Feuille d'acanthe est l'un des types les plus employés dans l'ornementation; elle provient d'une plante qui croît naturellement et sans culture dans le midi de l'Europe, elle est ordinairement longue et large de 30 à 80 centimètres. Ses contours sont profondément découpés.

De la côte principale qui est fort prononcée partent de chaque côté et symétriquement des côtes secondaires, entre lesquelles le limbe forme des ondulations.

Comme presque toujours, pour les feuilles, fleurs et fruits d'ornementation, on fait subir à la feuille d'acanthe de nombreuses modifications; ainsi par exemple, on donne plus de grosseur et de saillie aux côtes; on découpe les contours de plusieurs manières: tantôt en feuilles de persil, tantôt en feuilles de laurier, de chêne, d'olivier; et encore ces imitations de contours d'autres feuilles sont-elles, elles-mêmes très fantaisistes. A la rigidité naturelle on substitue une courbe gracieuse, &-&.

89

Les Grecques sont des ornements composés de lignes droites, tantôt pa-

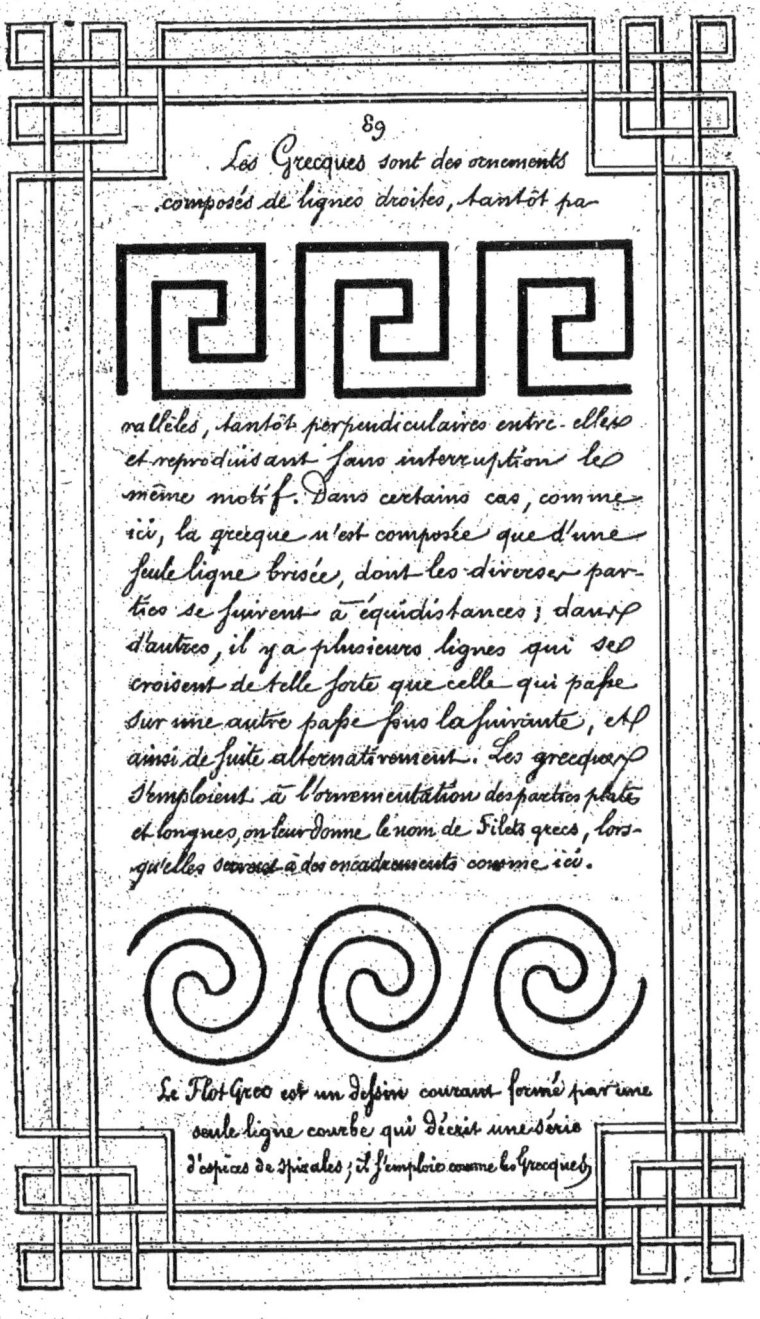

rallèles, tantôt perpendiculaires entre-elles et reproduisant sans interruption le même motif. Dans certains cas, comme ici, la grecque n'est composée que d'une seule ligne brisée, dont les diverses par- ties se suivent à équidistances ; dans d'autres, il y a plusieurs lignes qui se croisent de telle sorte que celle qui passe sur une autre passe sous la suivante, et ainsi de suite alternativement. Les grecques s'emploient à l'ornementation des parties plates et longues, on leur donne le nom de Filets grecs, lors- qu'elles servent à des encadrements comme ici.

Le Flot Grec est un dessin courant formé par une seule ligne courbe qui décrit une série d'espèces de spirales ; il s'emploie comme la Grecque.

Roses, Rosaces, Caissons. Le nom de rose a été donné primitivement à des ornements d'architecture qui rappelaient la forme de cette fleur bien épanouie et vue de face. Plus tard, on a attribué ce nom, ainsi que celui de Rosace, à des ornements à plusieurs branches rigoureusement symétriquement autour d'un même centre et qui occupent généralement le milieu d'un plafond ou l'intérieur des compartiments appelés Caissons. — On applique également les noms de rose et de rosace aux grandes baies circulaires ornées de vitraux qui s'ouvrent aux frontons des portails d'église.

Les **Fleurons** sont des ornements en forme de fleurs vues de profil (dans le sens de la hauteur). On donne aussi ce nom, dans le blason, à de petits ornements qui surmontent les couronnes ; les fleurons des couronnes de ducs sont des feuilles de vigne ; ceux des couronnes de comtes sont des perles.

Un **Culot** est une sorte de fleur formé par un bouquet de feuilles, généralement d'acanthe, ayant un même point d'attache sur une tige, et de l'intérieur duquel partent des fleurs, ou d'autres tiges plus ou moins agrémentées de feuillages.

Les **Arabesques** tirent leur nom des arabes qui composèrent les premiers ornements de ce genre ; c'est un composé de feuilles, de fleurs et de fruits plus ou moins fantastiques, reliés par des courbes aux gracieux contours, et fréquemment disposés symétriquement. Les figures d'hommes et d'animaux en sont rigoureusement proscrites, conformément à la loi de Mahomet qui interdit la représentation de tout être vivant ou ayant vécu.

Un Cul-de-lampe est un ornement affectant la forme de la partie inférieure d'une suspension de lampe, large en haut, pointue en bas. En imprimerie on place ces vignettes de ce genre à la fin du chapitre.

Les Palmes sont des imitations de branches, de palmier qui sont le symbole du triomphe, de la victoire. On les place aussi entre les mains des Saints qui sont morts pour la foi et alors elles prennent le nom de palmes du martyr. Une décoration désignant le grade de bachelier et une autre celui d'officier d'académie portent le nom de palmes universitaires; elles n'ont toutefois aucune ressemblance avec le rameau de palmier, car elles sont composées de branches de chêne et de laurier. Dans les châles et tapis des Indes, ainsi que dans la broderie on donne aussi le nom de palmes à des dessins bizarres et qui ressemblent encore moins aux ; tout naturellement

—92—

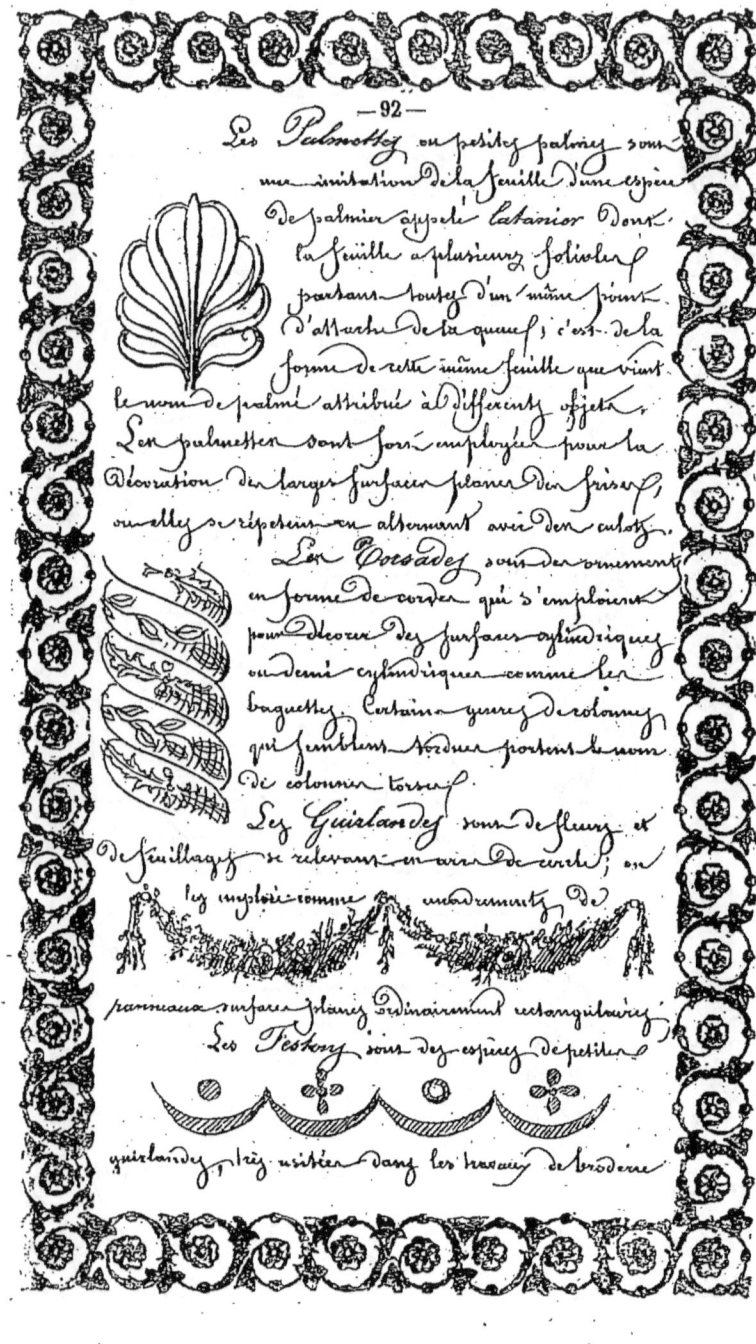

Les Palmettes ou petites palmes sont une imitation de la feuille d'une espèce de palmier appelé latanier dont la feuille a plusieurs folioles partant toutes d'un même point d'attache de la queue ; c'est de la forme de cette même feuille que vient le nom de palme attribué à différents objets. Les palmettes sont fort employées pour la décoration des larges surfaces planes des frises, où elles se répètent en alternant avec des culots.

Les Torsades sont des ornements en forme de corde qui s'emploient pour décorer des surfaces cylindriques ou demi-cylindriques comme les baguettes. Certains genres de colonnes qui semblent tordues portent le nom de colonnes torses.

Les Guirlandes sont des fleurs et des feuillages se relevant en arc de cercle ; on les emploie comme ornements de panneaux, surfaces planes ordinairement rectangulaires.

Les Festons sont des espèces de petites guirlandes très usitées dans les travaux de broderie

— 93 —

de broderie; ils servent à limiter les contours en remplaçant aussi les ouvelets. Chaque arc porte le nom de dent, vers le milieu de laquelle on brode un petit cercle appelé point ou une sorte de petite fleur à quatre pétales.

Le nom de Postes est un mot générique employé pour désigner un dessin courant comme les rinceaux, les entrelacs &c. Le flot Grec, dont nous vous avons parlé précédemment en est la variété la plus simple.

Les Rinceaux ou Enroulements sont

un ornement composé de rameaux chargés de feuillage, qui se contournent en spirales de sortes de distance en distance d'une même tige.

Les Entrelacs sont des ornements qui ont une certaine similitude avec les rinceaux; comme eux, ce sont des ornements courants qui semblent renaître les uns des autres; seulement ils se croisent de distance en distance, s'entrelacent ainsi que l'indique leur nom; comme eux encore, ils décorent les grandes nerfs plates, notamment les frises

— 84 —

Les Oves sont des ornements en forme d'œufs

tantôt lisses, tantôt ornementés, entourés de
lignes formant encadrement ou sorte d'enveloppe
et séparés entre eux par des fers de flèche
ou violets, &c. Les oves s'emploient surtout pour décorer les quarts de rond.

On donne le nom d'Ogives à une sorte
de voûtes formées d'arcs qui
se réunissent au sommet en
formant un angle aigu.
Ce genre de voûtes dit ogival
appartient surtout aux
constructions gothiques.

Les Trèfles qui appartiennent au
même style sont des ornements meublés
de trois compartiments dont
l'ensemble des contours a
quelque rapport avec celui
de la plante fourragère qui
porte le même nom. On donne
cette forme, tantôt à des baies,
tantôt à des parties solides qui
ont alors la forme du trèfle des cartes

Nous n'en finirions pas si nous voulions essayer de vous faire connaître toutes les variétés d'ornements, car le nombre en est considérable, et il augmente chaque jour ; aussi, nous arrêterons nous, mais avant, nous vous décrirons certains attributs, autrement dit certaines significations symboliques attribuées à des plantes, à des animaux, à des objets divers.

Plantes :

Chêne, force. — Les Romains décernaient des couronnes de chêne pour récompenser les vertus civiques.

Laurier d'Apollon, victoire. — De tout temps on en a fait des couronnes pour récompenser les vainqueurs. On le nomme encore, moins poétiquement il est vrai, Laurier sauce.

Cyprès, If, Immortelle, attributs funèbres.

Lierre, attachement ; sa devise est : je meurs où je m'attache.

Myrthe, Pensée, Myosotis, amour, souvenir.

Palme, triomphe. Palmes académiques. Palmes du martyre.

Olivier, paix, concorde.

Animaux.

Abeille, travail productif.

Aigle, domination, puissance.

Brebis, douceur, soumission.

Chien, fidélité, attachement.

Colombe, affection, tendresse.

Coq, vies, vigilance.

Lion, courage, force, puissance.

Serpent, prudence, perfidie. Un serpent se mordant la queue et formant un cercle est le symbole de l'éternité.

Objets divers

Ancre, trident (fourche à trois dents), attributs de la marine.

Balance, épée, symboles de la Justice équitable et vengeresse.

Caducée, commerce, industrie. Le caducée est une baguette entourée de deux serpents, signifiant prudence, et surmontée de deux ailes indiquant la rapidité.

Corne d'abondance, prospérité ; épis, fertilité.

Faisceaux, emblèmes du pouvoir ; un faisceau est composé d'un paquet de verges du milieu desquelles s'élève une hache, instruments employés chez les romains à punir les coupables.

Faux, sabliers, immortelles, emblèmes funèbres. Le sablier marque la rapidité du temps qui tranche les existences avec sa faux.

Lyre, musique, poésie.

Thyrse, sceptre de Bacchus, dieu du vin ; bâton entouré de rameaux de vigne et de lierre, surmonté d'une pomme de pin.

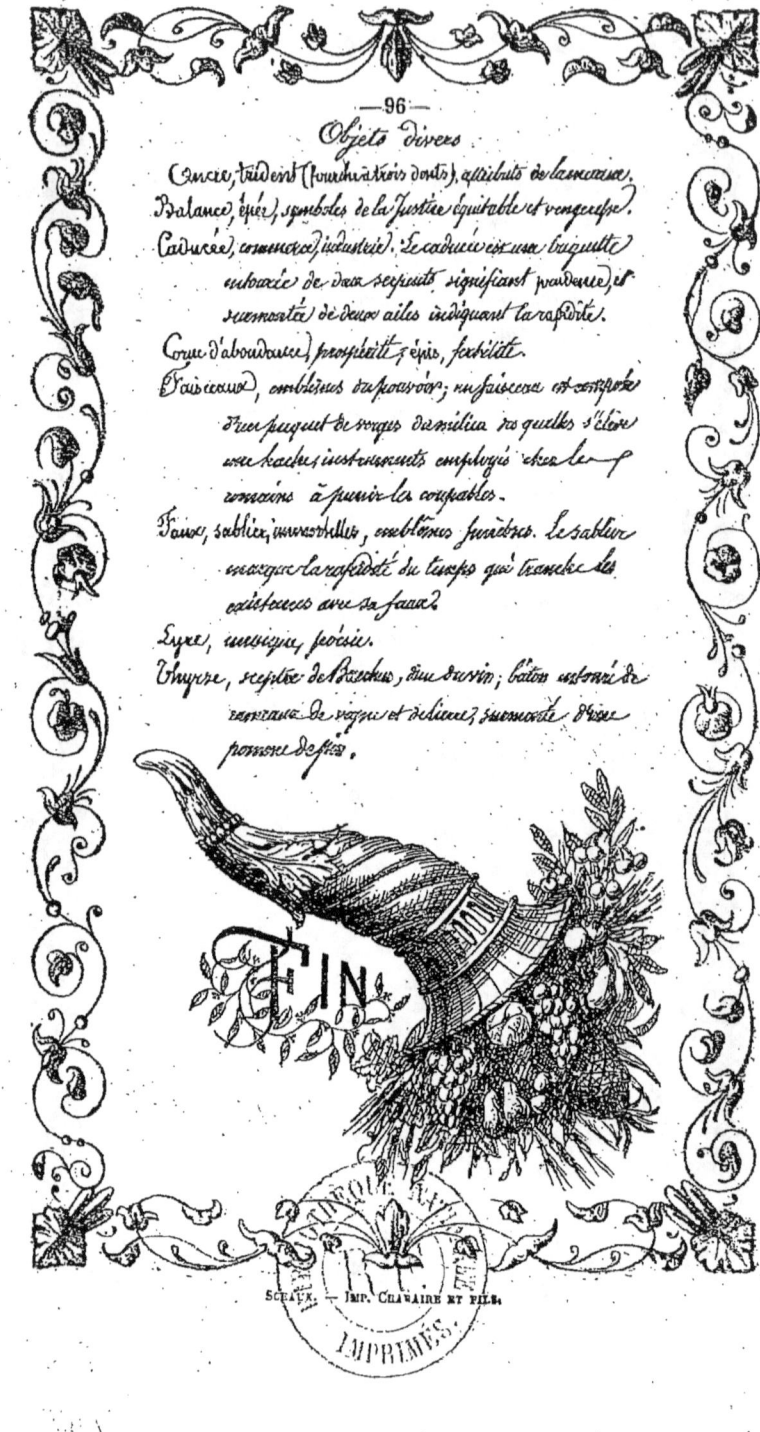

FIN

Livre de Lecture courante de la même Librairie

LECTURE RATIONNELLE DE L'ENFANCE
Pour les enfants qui quittent les tableaux. Prix : 60 cent.

LECTURE RATIONNELLE DE L'ADOLESCENCE
À l'usage des cours élémentaires. Prix : 80 cent.

LES LECTURES QUOTIDIENNES
DE L'ÉCOLE ET DE LA FAMILLE
RECUEIL DE MORCEAUX CHOISIS
A L'USAGE DES COURS MOYEN ET SUPÉRIEUR
Par J. MESSIN, inspecteur primaire de la Seine.
Ouvrage adopté pour les Bibliothèques scolaires et pour les Écoles de la ville de Paris. Un gros volume de 464 pages. Prix : 1 fr. 80.

LECTURES ALTERNÉES
À L'USAGE DES ÉCOLES DES FILLES
Par M. CHAUMEIL, inspecteur primaire de la Seine.
Ouvrage adopté pour les Bibliothèques scolaires et pour les Écoles des filles de la ville de Paris. 1 gros volume de 400 pages. Prix : 1 fr. 60.

UN PEU DE TOUT CE QU'IL EST BON DE SAVOIR
Par F.-N. NIAUDET, chef d'institution.
Ouvrage recommandé pour les Bibliothèques scolaires et adopté pour les écoles publiques de Lyon. 1 vol. de 388 pages. Prix : 1 fr. 50.

HISTOIRE DE LA FRANCE ET DU PEUPLE FRANÇAIS
Par P. VINCENT, inspecteur primaire.
Ouvrage adopté pour les Bibliothèques scolaires et pour les écoles de la ville de Paris. 1 gros volume de 540 pages. Prix : 1 fr. 80.

LES LEÇONS DE M. HENRI
OISEAUX ET INSECTES, ANIMAUX ET PLANTES, CONNAISSANCES UTILES
Par A. DUBOIS, inspecteur primaire. 1 vol. Prix : 1 fr. 50.

LES AGRÉMENTS DE LA VEILLÉE
ENTRETIENS DU DIMANCHE D'UN INSTITUTEUR AVEC SES ÉLÈVES
Par E. CASTAGNÉ, ancien instituteur.
Ouvrage recommandé pour les Bibliothèques scolaires. 1 vol. de 640 pages.
Prix : 1 fr. 80.

MÉTHODE DE DESSIN A MAIN LEVÉE
À l'usage des classes les plus élémentaires, par A. ARMBRUSTER, chargé des fonctions d'inspecteur d'Académie. 6 cahiers. Le cent : 9 fr.

Sceaux. — Imp. Charaire et fils.

www.ingramcontent.com/pod-product-compliance
Lightning Source LLC
Chambersburg PA
CBHW070308230526
45470CB00002B/778